Steffens — Das Verhängnis Identität

ANDREAS STEFFENS — Philosoph und Schriftsteller; geboren 1957 in Wuppertal; Grenzgänger zwischen Philosophie, Literatur und Bildender Kunst; 1989 Promotion an der Heine-Universität Düsseldorf; Habilitation 1995 an der GhK Kassel; bis 2005 Privatdozent für Philosophische Anthropologie und Ästhetik; seitdem freier Autor; 1990 bis 2002 Wohnsitz in Paris.

Bücher (Auswahl): *Das Innenleben der Geschichte* (1984); *Poetik der Welt* (1995); *Philosophie des 20. Jahrhunderts oder Die Wiederkehr des Menschen* (1999); *Ontoanthropologie. Vom Unverfügbaren und seinen Spuren* (2010); *Selbst-Bildung. Die Perspektive der Anthropoästhetik* (2010); *Die Narbe oder Vom Unerträglichen. Versuch über Unglück* (2017). Zahlreiche Essays, Vorträge und Reden über Literatur und Bildende Kunst.

2016–2022 Redakteur der Zeitschrift für Literatur KARUSSELL.

Literarisch hervorgetreten als Aphoristiker: *Petits Fours* (2009), *Aufgehoben* (2021).

Zuletzt erschienen: *Das Wesen, das nicht eines ist. Anthropologie der Verwandlung* (2020); *Auf Umwegen. Nach Hans Blumenberg denken* (2021).

Bei Königshausen & Neumann: *Aufgehoben. Aphorismen 2010–2020*, hg, und mit einem Nachwort von Friedemann Spicker (2021); *Materien des Denkens. Nach Beuys* (2022).

Andreas Steffens

Das Verhängnis Identität
oder
Der Zwang, etwas zu sein

Königshausen & Neumann

Das Buch erscheint dank der Förderung durch ein Stipendium
der Landesregierung von Nordrhein-Westfalen.

Bibliografische Information der Deutschen Nationalbibliothek
Die Deutsche Nationalbibliothek verzeichnet diese Publikation in der Deutschen
Nationalbibliografie; detaillierte bibliografische Daten sind im Internet
über http://dnb.d-nb.de abrufbar.

Gedruckt auf säurefreiem, alterungsbeständigem Papier
Umschlag: skh-softics / coverart

Printed in Germany

ISBN 978-3-8260-7734-0

www.koenigshausen-neumann.de

www.ebook.de
www.buchhandel.de
www.buchkatalog.de

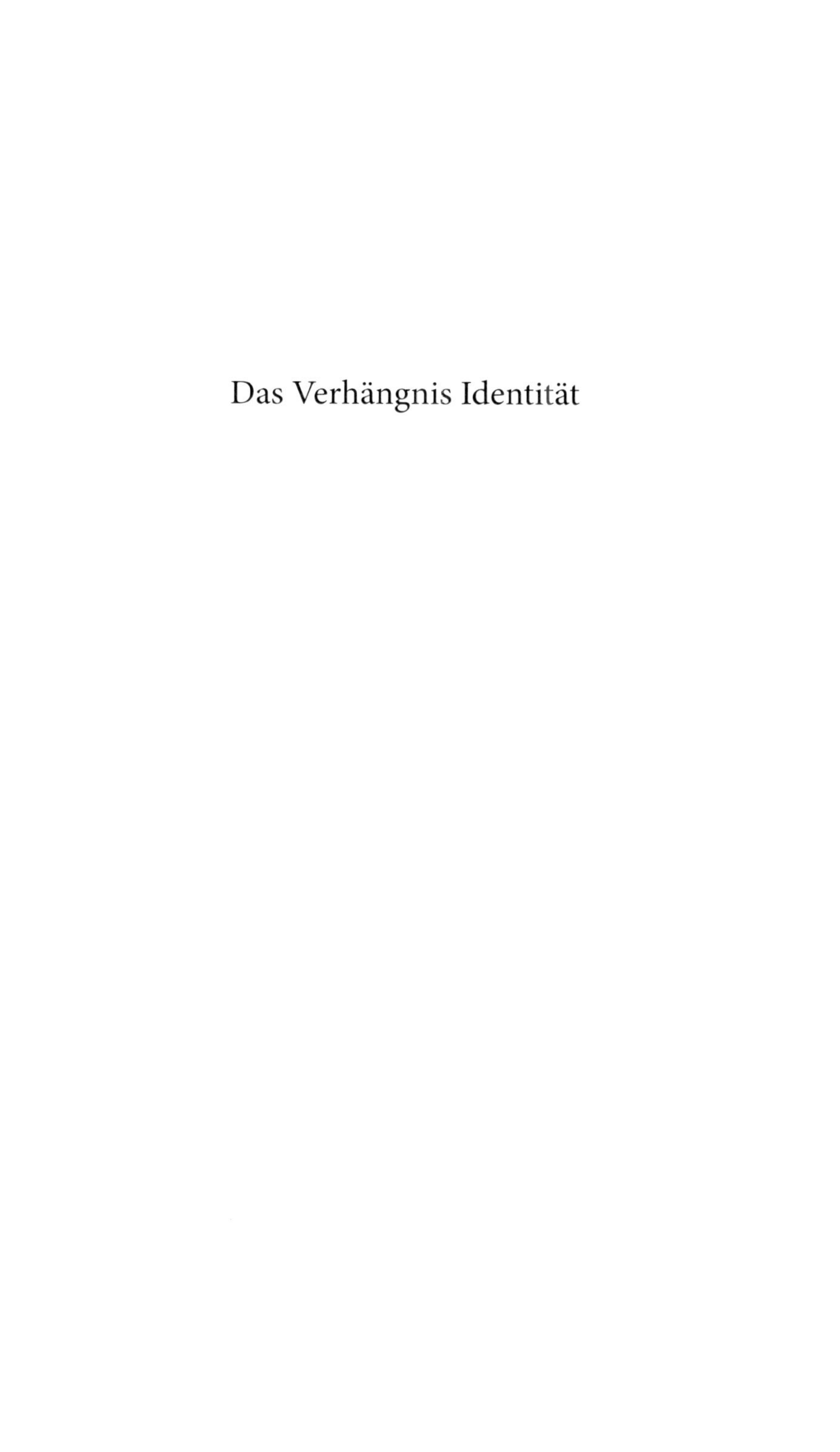

Das Verhängnis Identität

Die Arbeit des Philosophen ist ein Zusammentragen von Erinnerungen zu einem bestimmten Zweck.

Ludwig Wittgenstein, *Philosophische Untersuchungen*. 127.

»Und was die Frage betrifft, wer ich bin – nun«, sagte Amy mit einer Stimme, so süß und einschmeichelnd, wie er nur je eine gehört hatte, »irgendwer muß man schließlich sein, oder? Darum kommt man nicht herum.«

Philip Roth, *Der Ghost Writer*

Der Mensch sieht wohl, was er hat, aber nicht, was er ist.

Ludwig Wittgenstein, *Vermischte Bemerkungen*

Ich weiß, wovon ich spreche, denn ich habe kein Selbst. Ich musste es ein Leben lang suchen. Jeden Tag erfahre ich mich neu, jede Stunde, jede Minute.

Gerhard Roth, *Die Imker*

Inhalt

Vorausgeschickt

ZUVOR
Wie nun? Ich bin. Aber ich habe mich nicht. Darum werden wir erst.

Ernst Bloch, *Spuren*

Gespensterjagd

Ein Gespenst geht um. Niemand hat es gesehen. Aber jeder glaubt, es zu kennen. Wie das Gerücht verbreitet, was es nicht gibt, wird über ›Identität‹ desto mehr geredet, je weniger man von ihr weiß.

Ihre Identität ist das Phantom einer Person. Ihr selbstverständlich eingeprägt – was nicht mit eindeutiger Benennbarkeit verwechselt werden darf –, ist sie das Abwesende. Hat sie eine, bleibt sie unbekannt, weil sie ihr selbst verborgen ist.

Das gilt für eine Gesellschaft ebenso. Wird begonnen, über deren Identität zu streiten, ist sie dabei, sie zu verlieren, weil sich in ihrer Zusammensetzung wesentliche Veränderungen vollziehen. Erst nach deren Verstetigung zu einer neuen Ordnung wird sich zeigen, welche Identität diese besitzt. Der Streit um ›nationale Identität‹ ist *ein Stempel der Überholtheit, wenn nicht des Todes im eigentlichen Sinne, auf dem betreffenden Land* (Jean-Luc Nancy, *Identität*, 23). Symptom des Verlustes dessen, was er beschwört.

Der Normalfall, dass es einer Person schwerfällt, die Frage zu beantworten, wer sie sei, ist kein Zeichen eines Mangels an Identität, sondern ihres fraglos sicheren Vorhandenseins. Dass es etwas gibt, heißt nicht, es auch zu kennen. Nur Seiendes *kann* bekannt sein;

dessen Kenntnis aber ist keine seiner mitgegebenen Eigenschaften. Wenn anders, bräuchte es keine Wissenschaft und gäbe es keinen Zuwachs an Erkenntnis.

Wo uns das Wirkliche hilflos macht – wie im Fall unerkannter Identität –, *kreisen wir es mit dem Möglichen ein. Wem das wie ein Spruch der Pythia erscheinen will, möge daran denken, daß alle ›Hypothesen‹, als die sich wissenschaftliche ›Resultate‹ letztlich ausgeben müssen, den Modus der Möglichkeit haben. Das läßt nie außer Betracht, es könnte eine von vielen die bessere von guten, doch nochmals jederzeit durch eine bessere überbietbare sein. Immer bleibt ein Rest, der Vorsicht und Rücksicht verlangt. So sind auch Selbstverständnisse immer nur mögliche* (Hans Blumenberg, *Lebensthemen*, 75).

Dass dies nur im Umgang mit Einsicht und Erkenntnis gilt, aber nicht für die Konstitution ihrer Gegenstände, am allerwenigsten der Welt und des Daseins in ihr, hat der entschiedenste literarische Verfechter des ›Möglichkeitssinns‹ seinen ›Mann ohne Eigenschaften‹ in einem Schüleraufsatz als metaphysischen Geistesblitz feststellen lassen. *Ulrich schrieb in einem Aufsatze über die Vaterlandsliebe, daß ein ernster Vaterlandsfreund sein Vaterland niemals das beste finden dürfe; ja mit einem Blitz, der ihn besonders schön dünkte, obgleich er mehr von seinem Glanz geblendet wurde, als daß er sah, was darin vorging, hatte er diesem verdächtigen Satz den zweiten hinzugefügt, daß wahrscheinlich auch Gott von seiner Welt am liebsten im Conjunctivus potentialis spreche (hic dixerit quispiam = hier könnte einer einwenden …), denn Gott macht die Welt und denkt dabei, es könnte ebensogut anders sein* (Musil, *Mann*, 18 f.). Dieses Stück literarischer Philosophie verweist auf den elementaren Umstand, den das Denken seit der Verabschiedung von der Metaphysik aus dem Blick verlor, dass *nur* von dessen Urheber gedacht werden kann, etwas wäre auch anders möglich. Wenn dies gilt, kann es für den Menschen nicht gelten, der als Gattung von der Geschichte der Welt, und als Exemplar von der Geschichte seiner Anwesenheit in ihr hervorgebracht ist.

Da die Welt nun einmal gemacht *ist*, könnte sie nur dann auch eine andere sein oder werden, wenn ihr Schöpfer auch weiter leitend und umgestaltend in ihr Sein eingriffe, wie unsere Vorfahren angesichts heftiger Naturereignisse wie Blitz und Sturm voller Schrecken lange überzeugt blieben, und Missernten und unheilbare Krankheiten für Gottesstrafen hielten, bis Deismus und Aufklärung sich überzeugten, der Urheber der Welt habe sich nach Abschluss seines Werkes nicht mehr in sie eingemischt, die nichts anderes als die Aktualisierung und Ausfaltung des Möglichen sei, das in ihrer Ordnung angelegt ist. Deus absconditus – Deus sive Natura. Der abwesende Gott wurde zur Natur. Dieser lange so ratlos wie einst ihm ausgesetzt, verwandelte die Geschichte des Wissens und der Technik sie in ein tendenziell beherrschbares Objekt menschlicher Fähigkeiten. Bis die Erfolge ihrer ›Beherrschung‹ schließlich suggerierten, der Mensch selbst könne zum Gegenstand seiner Vermögen der Wirklichkeitsgestaltung werden, und sich zu dem machen, was er sein wolle (vgl. Steffens, *Das Wesen, das nicht eines ist*).

Jede gegebene Wirklichkeit ist eine verwirklichte Möglichkeit. Jeder Mensch, der entstand, *ist* jemand. Unvermeidlich. Aber der muss man nicht *selbst* sein. Wir sind immer dieselben, aber nicht immer als die gleichen, ohne jemals wirklich andere zu werden. Auch seine Wandlungen folgen aus dem, wer jemand ist, und den Prägungen seiner Lebensgeschichte. Während wir zu wissen überzeugt sind, wer wir sind, finden wir uns von Anderen eines anderen belehrt. ›Identität‹ ist weniger ein Begriff für die Bestimmung eines Menschen als für deren Schwierigkeit. Er bezeichnet die Problematik des ›Selbstseins‹, nicht deren Lösung.

Zwischen Nicht und Nicht-Mehr

Wir müssen nicht sein. Von Kant im *opus postumum* ausgesprochen, ist diese die am wenigsten beachtete Einsicht der Neuzeit. Dass wir überhaupt sind, ist das Unwahrscheinlichste. Außer, man nähme an, es gäbe eine das Weltgeschehen bestimmende Macht, die bewirkte, dass unsere Vorfahren sich fanden, und ausgerechnet unsere Eltern einander begegneten, uns in die Welt zu bringen. Um damit verurteilt zu sein, sie wieder verlassen zu müssen. Jede Zeugung hat einen Tod zu verantworten. Die Endlichkeit jedes Seins, dessen Anfang so wenig vorherbestimmt ist, wie der Eintritt seines unabwendbaren Endes, dementiert jeden Anspruch auf Notwendigkeit. Jedes Dasein hätte auch nicht entstehen können. Darauf, und nur darauf, beruht, dass das Leben, das man hat, als Wert erfahren werden kann. Ein unbegrenztes Leben wäre sinnlos.

Wenn es uns aber nicht geben *muss*, müssen wir auch nicht *sein*. Unsere Existenz den Zufallswirkungen des Weltprozesses verdankend, sind wir berechtigt, sie jederzeit aus eigenem Entschluss zu beenden, wann und warum immer einem dies geboten erscheint.

Seine Nichtnotwendigkeit hat die schwerstwiegende Folge für die Kategorie, unter der unser Dasein als Element der Welt – inzwischen wieder – zu verstehen unternommen wird: die der Identität. Als Inbegriff der Beständigkeit dessen, was man ›ist‹, gehört sie zu den Suggestionen, die aus der Selbstverständlichkeit stammen, mit der ›Sein‹ für beständig gehalten wird. Aber kann, was nicht sein muss, etwas Bestimmtes auf Dauer sein, und nichts sonst als dieses? Muss sein Verständnis, besonders aber jedes Selbstverständnis eines bewussten Lebewesens, nicht an der Undurchdringlichkeit des Bedingungsgefüges seines wie sehr auch besonderen Daseins ebenso scheitern, wie an der Beständigkeit des Wandels, dem jedes Leben unterliegt?

Den Zweifel mindert die Tatsache der einmaligen Besonderheit jedes einzelnen Lebens. Kein Mensch ist wie ein anderer, nicht einmal Klone sind identische Kopien ihres Originals. Doppelgänger mag es geben; Wiedergänger nicht. *Einmal jedes, nur e i n mal. Einmal und nicht mehr. Und auch wir e i n mal. Nie wieder* (Rilke, *Duineser Elegien*, IX, 37). Und dabei so und nicht anders. Schon deshalb kann es keine ›gemeinsame‹ Identität geben.

Wir wissen kaum, woher wir kommen, und warum; wohin wir gehen, gar nicht. Wie könnten wir dann wissen, was genau den Zwischenzustand unserer Anwesenheit in der Welt als Passage vom Nicht-Sein zum Nicht-Mehr-Sein ausmacht?

Trotzdem gehört, ›Jemand‹ zu sein, eine Identität zu ›haben‹, als wäre sie ein Eigentum, zu den ein Selbstbewusstsein tragenden Überzeugungen. Weshalb es zu den größten Belastungen zählt, die Gegebenheit einer Identität annehmen zu müssen, ohne sie für sich selbst benennen zu können. *Ich wusste, dass ich nie würde aussprechen können, was in mir vorging. [...] Ich weiß, wovon ich spreche, denn ich habe kein Selbst. Ich musste es ein Leben lang suchen. Jeden Tag erfahre ich mich neu, jede Stunde, jede Minute.* Folgerichtig lässt Gerhard Roth dies den Erzähler im Schlussstein zu seinem Lebens-Werk sagen, von dem offen bleibt, ob er erlebt, sich vorstellt oder träumt, was er berichtet, oder seine Geschichten psychotische Hirngespinste sind (*Die Imker*, 323 f.). Selbstlos sein, heißt, unwirklich sein. Der Selbstlose bezeugt die aus seiner Begrenztheit stammende Rätselhaftigkeit des Daseins am konsequentesten.

Dann kann die andere elementare Last des Lebens, es nicht alleine, sondern nur in Gemeinschaft führen zu können, zu der Erleichterung werden, sich für das zu halten, wofür man gehalten wird, und es für das zu nehmen, was man ist.

Man hat sich daran gewöhnt, daß Identität nichts Selbstverständliches ist. Identitätsschwierigkeiten zu haben oder gehabt zu haben gehört inzwischen in jeden ordentlichen Lebenslauf (Blumenberg,

Begriffe in Geschichten, 87). Die seit dieser Einschätzung aufgekommene Renaissance von Identitätsansprüchen aller Art, die in Politik übergreifen, indem das Besondere Einiger zum Bestandteil der Verbindlichkeiten Aller erhoben wird, lassen an der Beständigkeit dieser Gewöhnung zweifeln. Nichts gilt ein für alle Mal. Außer das.

Die Idee eines unablässigen Wandels, dem alles unterworfen sei, gehört zu den Ursprüngen der europäischen Literatur. Im fünfzehnten Buch seiner *Metamorphosen*, das den »Lehren des Pythagoras« gewidmet ist, hat Ovid es gestiftet. *Weil ich auf offener See nun treib und die Segel den Winden gab zum Blühn: nichts ist von Bestand in der Weite des Weltalls. Rings ist Fluß, und jedes Gebild ist geschaffen zum Wechsel.* Der Mensch ist davon nicht ausgenommen. *An uns selber erfährt ja auch rastlose Verwandlung immer der Leib, und was wir gewesen und sind, wir verbleiben morgen es nicht. Einst war ein Tag, wo im Schoße der Mutter nur als Samen und Keim zukünftiger Menschen wir wohnten. Bildende Hand an legte Natur, und daß vom gedehnten Leibe der Mutter umspannt die lebendige Bürde gezwängt sei, wollte sie nicht und ließ sie heraus in die ledigen Lüfte.* Mit der Geburt beginnt das Leben als Passage von Verwandlungsepochen. *Jetzo gebracht ans Licht, lag ohne Vermögen der Säugling; bald auf vieren beweg't er nach Sitte der Tiere die Glieder, und er begann allmählich mit noch unsicheren Knien wankend zu stehen und half durch schwache Versuche den Sehnen. Stark dann wird er und rasch, und über die Strecke der Jugend geht er, und ist dann auch vollendet der mittleren Jahre, geht's abwärts auf der Bahn hinfälligen Alters.*

Auch die Elemente, aus denen alles gebildet ist, was in der Welt besteht, sind davon nicht ausgenommen. Doch im Wechselspiel der Erscheinungen bleibt ihre Substanz erhalten. *Keines verbleibt in derselben Gestalt, und Veränderung liebend, schafft die Natur stets neu aus anderen andere Formen, und in der Weite der Welt geht nichts – das glaubt mir – verloren; Wechsel und Tausch ist nur in der Form. Entstehen und Werden heißt nur, anders als sonst anfangen zu sein, und Vergehen, nicht mehr sein wie zuvor* (Ovid, *Metamorphosen*, 375–379. – Zum Meeres-Motiv als Daseinsmetapher: Steffens, *Landgänge*).

Der Beständigkeit des Wandels ist jede Identität ebenso ausgesetzt, wie alles, wogegen ihre Behauptung sich richten muss. Während wir noch wünschen, anders zu sein, sind wir es im Getriebe des Daseins und im Ablauf der Natur in uns schon geworden, und dabei doch geblieben, die wir sind. Die einzige Beständigkeit, die sich darin erhält, ist die Geprägtheit durch alles, was wir nicht sind, und das doch in Beziehung zu unserem Dasein steht. Ihre wichtigste Äußerung in ihm ist der Wunsch nach Veränderung dessen, was wir sind, den sie als Herausforderung des Widerstandes gegen alles weckt, das uns nicht zu entsprechen scheint. Dass sie damit in ihrem eigenen Kern der Stabilität ihrer Bestimmung getroffen wird, bedingt alle Schwierigkeiten, die es mit sich bringt, eine Identität zu leben. Dass es eine jede nur als scharf gezeichnete Unterscheidung von allen anderen gibt, setzt sie in Widerspruch zu diesen. Jeder Widerspruch erzeugt Widerstand. So sehr, dass es zur Klugheit ihrer Behauptung gehört, sie eher zu verbergen, als hervorzukehren: Sage nicht, wer du bist, wenn du es sein willst.

Hat man seinen eigenen Lebenseinsatz als Beitrag zur Geschichte des Denkens zu der Zeit begonnen, als es zu deren Selbstverständlichkeit wurde, sich mit den letzten Resten von Idealismus auch vom ›Subjekt‹ und der Fabel seiner Souveränität als Bedingung gelingenden Lebens zu verabschieden, nimmt man – nach klassischer Berechnung – kaum eine Generation später wenigstens erstaunt, wenn nicht befremdet wahr, wie wiederkehrt, was damit endgültig ›überwunden‹ schien. *Für ein mit ihr* [der Philosophie] *verbrachtes Leben ist es die erschreckendste Erfahrung, daß auch sie die Phasenwechsel erleidet, der andere Arten von Erregungen des Gemüts unterliegen* (Blumenberg, *Ein mögliches Selbstverständnis*, 15).

Die Wiederkehr des abgetan Gewesenen ist ein Symptom tatsächlicher Eingebundenheit allen Bedenkens des Lebens in dessen wankelmütigen Verläufe. An solchem ›Phasenwechsel‹ zeigt sich, dass auch alles, was bis zu dessen Eintritt für erreicht und nun gültig gehalten wurde, nur eine der Vorläufigkeiten gewesen sein konnte, zu denen die stetige Wandlung der menschlichen Wirklichkeiten auch alle geistigen Hervorbringungen werden lässt, die sie deutend begleiten. Was nicht heißen muss, dass damit auch alles falsch würde, was geleistet wurde. Hat man dazu beigetragen, so immerhin zu einer Periode der Geschichte des Denkens, die so ergebnisoffen ist wie die des Menschseins, zu deren wesentlichen Manifestationen sie zählt. Ihr Zeitkern hindert nicht, dass eine Wahrheit auch jenseits der Zeit ihrer Entdeckung wahr bleibt.

Zu den – im Wortsinn – fragwürdigsten Wiedergängern im Denken gehört die ›Identität‹. Die neue Sucht nach ihr hebt die an ihr geleistete Kritik nicht auf. Verlangt vielmehr danach, nicht nur an diese zu erinnern, sondern sie noch einmal zu bedenken, und in der Konfrontation mit der neuen Erscheinung des für überholt Gehaltenen ihre Tragfähigkeit zu erproben. In jeder Wiederkehr steckt ein Bedürfnis, dessen Berechtigung nicht ungeprüft zu verwerfen ist. Keine Zeit ist dümmer als eine andere. Aber jede bedarf ihrer eigenen Klugheit. Dazu kann gehören, sich von einst bewährten Einsichten zu verabschieden. Auf die Gefahr hin, eines Tages entdecken zu müssen, sich darin geirrt zu haben.

Dass die Wiederkehr der Identität als vermeintlicher Garant für ein gelingendes Leben und als verbindliche Kategorie des Zusammenlebens ein solcher Irrtum sein könnte, ist die Vermutung, die die Überlegungen dieses Essays leiten. Vom logikbegründenden ›Satz der Identität‹: A = A, abgeleitet, folgt ihre Idee dem Gebot der Eindeutigkeit, dieses eine und nichts anderes zu sein. Die Wirklichkeit dessen aber, was sie meint, ist doppeldeutig: Was wir sind, ist eine Mischung aus Selbstsein und Geprägtheit. Bevor wir etwas zu sein wollen können, sind wir bereits etwas Bestimmtes. Dem, was wir werden wollen, widersetzt sich, was wir schon sind, weil wir uns nicht selbst hervorgebracht haben. In dieser Spannung lauert das mögliche Verhängnis der Identität, nach der der Sicherheitswunsch der Selbstbestimmung verlangen lässt. Nur unbestimmt kann man selbst sein.

Für diesen gilt dasselbe wie für den Essay, den Jean-Luc Nancy dem Problem selbstbestimmten Lebens in Gemeinschaft widmete. *Dieser Essay ist nicht in strenger Folge, sondern eher diskontinuierlich aufgebaut und nimmt einige Themen immer wieder auf. In gewisser Hinsicht kann man seine Abschnitte ohne Ordnung lesen. Manchmal wird man auf Wiederholungen stoßen* (*singulär plural sein*, 11). Ihre Abfolge ist die einer Reihe von Variationen auf ein Thema. Dessen Leitmotiv bildet das Bedenken, dass die Identität, die man für sich beansprucht, nicht anders als die, die einem mitgegeben ist, eher behindern als fördern könnte, zu leben, was man ist. Desto mehr, je schwieriger, wenn nicht aussichtslos es ist, dem einen wie dem anderen eindeutige Bestimmung zu geben.

Wir sind mehr, als wir wissen und wollen, und anders, als wir uns gegenseitig abverlangen. Identität ist das Phantom, das die Leerstelle dieser doppelten Verfehlung besetzt. Selbstsein heißt, es zu verscheuchen.

Am Morgen danach

Es ist nicht immer gut, man selber zu sein.

Paul Valéry, *Windstriche*

Im Fasching der Münchener Bohème zu Beginn des vorigen Jahrhunderts begegnete es Fanny zu Reventlow, dass ihr Gefährte für die Nacht nach dem Fest am folgenden Morgen überstürzt Reißaus nahm, als er erfuhr, mit einer Gräfin geschlafen zu haben. Seine entsetzte Flucht amüsierte sie, die auf ihren Adelsstand nichts, auf ihre Freizügigkeit in jeder Hinsicht alles hielt. Der verschreckte Liebhaber hatte erfahren, was Paul Valéry beiläufig festhielt: *Man weiß nie, mit wem man schläft* (»Verschwiegenes«, 311). So erstaunlich das ist, so gewiss.

Die Lust für eine Nacht ist keine Erfindung unserer Zeit. Auch die Generation der Urgroßeltern verstand sich auf sie. Bevor sie Teil der allgemeinen Sitten wurde, gestattete der Karneval als erlaubter Ausnahmezustand das sonst noch Unerhörte. Im Schutz der Verkleidung, der Kostüme und Masken bot er vor dem Abschied vom Fleisch, dem ›Carne Valet‹, die Lizenz zu ungehemmtem Genuss. Die Belohnung der folgenden Askese lässt er ihr vorangehen. Man fällt aus der Rolle, und spielt, eine Rolle zu spielen. Der Anwalt raubt sich als Seeräuber seine Prinzessin, und die Sekretärin verführt als Prinzessin ihren Pierrot: Verwandlungsspiel der Identitäten. Für kurze Zeit ist nicht nur erlaubt, sondern erwünscht, anders zu sein, als man als der zu sein hat, der man ist, und kann getrost über die Stränge schlagen, ohne Gefahr zu laufen, sanktioniert zu werden.

Was aber hatte jenen Liebhaber einer Nacht vertrieben? Die Frau, an der er Gefallen gefunden hatte, und sie an ihm, war doch dieselbe, wie er derselbe war. Ihre Selbstgleichheit aber bestand nach der Nennung ihres Namens nur noch für sie selbst fort; für ihn hatte er sie verwandelt. Sie war nicht länger die Frau, mit der er zusammen gewesen war; nun identifiziert, war sie eine Frau, mit der das für ihn nicht in Frage kommen konnte. Er war offenbar nicht von ihrem Stand. Es gehörte sich nicht. Nicht einmal im Fasching. Dem ahnungslos erfolgten Übergriff fühlte er sich nicht gewachsen. Ihre offenbarte Identität verdrängte seine unmittelbare Erfahrung ihrer Person. Die Unantastbarkeit der Gräfin widerrief die Zugänglichkeit der Ballbekanntschaft. So ging das kleine Glück dahin.

Im nächtlichen Ausnahmezustand des Faschingsrausches war die Reventlow im Schutz des Inkognitos im Zusammentreffen mit ihrem Liebhaber für ihn die, die sie für sich selbst war; im Tageslicht des Normalzustandes wurde sie für ihn, was sie für sich selbst nicht war, während umgekehrt er für sie derselbe blieb. Der Name, der uns im Umgang mit Anderen identifiziert, steht nicht für unsere Person, sondern unsere gesellschaftliche Stellung, unseren Ort im Gefüge des Daseins. Hier war der Unterschied doppelt unvereinbar. Identität hat man für Andere; das, was man ist, kommt darin nicht vor. Für Andere offen sichtbar, verbirgt unsere Identität unsere Person vor ihnen.

Es muss nicht gut sein, wenn von einem bekannt ist, wer man ist. Die Unvereinbarkeit der beiden Partner jener Nacht beruht auf dem Gradunterschied der Ausprägung ihres ›Selbst‹. Während die Gräfin, die keine sein will, zu viel davon besitzt, und ganz von der Anstrengung bestimmt ist, sich von ihrer Geprägtheit zu distanzieren, hat ihr Liebhaber zu wenig, und geht ganz in seiner auf.

Was wir sind, ist zwischen dem, was wir für uns selbst, und dem, was wir für Andere sind, gespalten. Bevor wir sein können, was *wir* sind, müssen wir sein, was wir *sind*. Jeder Selbstbestimmung geht ein Bestimmtsein voraus. Auf dieser unauflöslichen Doppelung unseres Seins beruhen alle Schwierigkeiten und Spannungen, die Menschen mit sich und miteinander haben.

Die Zeit und ihre Sitten, aus der die Anekdote stammt, sind lange vergangen; was sie zeigt, nicht. Das in ihr ausgebliebene gemeinsame Katerfrühstück offenbart im Widerstreit von ›Selbst‹ und ›Jemand‹ die Leerstelle der Identität: wo sie ist, sind wir nicht. Selbstsein gibt es nur ohne Identifikation. Da Existenz ohne diese aber nicht möglich ist, ist es die Ausnahme des Daseins.

Vor der Identität Anderer kann man davonlaufen; vor der eigenen nicht.

Selbstlosigkeit des Selbstverlangens

Aber innen: wer wehrte,
hinderte innen in ihm die Fluten der Herkunft?
Rilke, *Duineser Elegien, III*

Alles ist nicht es selbst.
Rilke, *Duineser Elegien, IV*

Wer ist schon gerne, was er ist, Hand aufs Herz? Ganz und uneingeschränkt? Wer wäre nicht gerne anders, wenn nicht überhaupt ein anderer? Wenigstens etwas, und jedenfalls mehr von dem, als den man sich vorstellt.

Dass dieser Wunsch nicht in Erfüllung geht, liegt an keiner Schwäche derer, die ihn hegen. Er ist unerfüllbar. Seine Erfüllung setzte voraus, sich uneingeschränkt zu kennen. Niemand aber weiß, wer oder was genau er ist. Das weckt den Wunsch, anders zu sein. Und verleiht allen Zuschreibungen und Urteilen, denen wir ausgesetzt sind, und an Anderen vornehmen, die Macht, über uns zu bestimmen, und unser Selbstgefühl zu verstören.

Jeder aber hält sich für jemand ganz Bestimmten. Soll Bestimmtheit der Person das wesentliche Merkmal von Identität sein, folgt daraus deren Unmöglichkeit. Niemand ist in der Lage, alle Faktoren der Prägung seiner Person zu überschauen, geschweige denn zu bestimmen. Wir sind mehr, was in uns unbekannt wirkt, als was wir aus eigenem Entschluss zu tun überzeugt sind. Selten ist dies so plastisch ausgedrückt worden wie in einer Überlegung, die Jean Giraudoux eine seiner Romanfiguren anstellen ließ: *daß wir in Wahrheit nicht den Jagdhund oder das Pferd kaufen, das wir wollen, sondern eins, das ein fremder Wille vor tausend Jahren bereits gewählt hat; daß wir Sklaven sind. Er brauchte einen ganzen Tag, um wieder Vergnügen an einer Meute, an einem Stall zu finden, welche die Wünsche Unbekannter, irgendwelcher Männer der Vorzeit vielleicht, hier um ihn versammelt hatten* (*Eglantine*, 6). Die Zeitgebundenheit des Beispiels abgestrichen – der Roman *Eglantine* erschien 1928 –, bezeichnet der Gedanke eine zeitlose Wahrheit. Eine Wahrheit, die ebenso gewiss wie unbeweisbar ist.

Eine vollständige Genealogie unserer Bedingtheiten ist weder biologisch noch kulturell durchführbar. Schon die Kenntnis der eigenen Familiengeschichte als des unmittelbar bestimmendsten Faktors endet in der dritten Generation, und umfasst kaum mehr als Anekdoten über die Schrullen von Großeltern, in denen man sich selbst nicht wiedererkennt. Bis man sie im Alter mit einem Mal amüsiert oder unwillig an sich selbst entdeckt. Fernwirkungen, denen man unterliegt, nicht feststellen zu können, aber heißt nicht, dass es sie nicht gibt.

Zu dieser Einsicht lässt Philipp Roth sein Alter Ego Nathan Zuckerman durch einen Ehestreit gelangen. *Was die Rhetorik zu sehr aufgeladen und den Ärger entfacht hatte, war natürlich ihre Rolle als Tochter ihrer Mutter, die sich mit der meinen als Sohn meines Vaters rieb – unser erster Streit war nicht einmal unser eigener gewesen. Doch ist gewöhnlich genau das die Schlacht, die die meisten Ehen anfangs erschüttert – ausgefochten von Stellvertretern für die wirklichen Antagonisten, deren Konflikt niemals im Hier und Jetzt verwurzelt ist, sondern in seiner Entstehung manchmal sogar so weit zurückreicht, daß die häßlichen Worte der Jungvermählten alles sind, was von den Werten der Großeltern geblieben ist. Mögen sie sich auch wünschen, jungfräulich zu sein – der Wurm in dem Traum ist immer die Vergangenheit, dieses Hindernis für alle Erneuerung* (Roth, *Gegenleben*, 402).

Man wählt nicht, *was* man ist. Wählen kann man nur, *wie* man es sein will. Der Anteil des Unverfügbaren an dem, was man ›ist‹, ist zu hoch, um es ausschließlich aus der Perspektive der ›Selbstbestimmung‹ zu verstehen. Der Anspruch auf diese wird umso größer – und lauter –, desto ungünstiger ihre Bedingungen und Chancen auf Verwirklichung sind. Wer sie ausüben kann, der tut es, ohne danach zu verlangen. Der wirkliche Souverän seiner selbst sorgt sich nicht um seine Identität, er lebt sie (vgl. Steffens, *Auf Umwegen*, 247 f.). So selbstgewiss, dass es ihm selbst gar nicht bewusst ist. Nichts macht einen so verdächtig wie die Mühelosigkeit, mit der einem etwas zu Gebot steht und von der Hand geht. Zum Genuss werden ohne Argwohn, Neid und Groll nur Früchte harter Arbeit zugestanden. Noch Foucaults ›Ästhetik der Existenz‹ und Schmids ›Lebenskunst‹ sind als ›Arbeit am Selbst‹ konzipiert.

›Wer bin ich?‹ Dass diese Frage – die Menschen sich seltener stellen dürften, als die Selbstverwirklichungsansprüche einer individualistischen Mentalität vermuten lassen, zu deren Erfüllung sie beantwortet werden müsste – sich weniger an einen selbst als an die Anderen richtet, denen man selbstbewusst gegenübertreten möchte, veranschaulicht eine der beliebtesten Sendungen aus der Frühzeit bundesrepublikanischer Fernsehunterhaltung, der sie den Titel gab. In ihr musste ein Rateteam mit verbundenen Augen durch geschickte Fragen erraten, um wen es sich bei ihrem prominenten Gast handelte. Was wir sind, sind wir zuallererst nicht für uns, sondern für unsere Daseinszeitgenossen. An einen selbst gerichtet, muss die Frage lauten: Wer bin ich für wen? Denn sie stellt sich mehr, als dass man sie stellt, als Reflex der Verblüffung, festzustellen, wofür Andere einen halten. An sich selbst gerichtet, lautet die Frage deshalb genauer: Warum hält man mich dafür? Bin ich das?

Nur in einem einzigen Fall stellt die Frage nach der eigenen Identität sich einem unmittelbar selbst, wenn sie von der Reaktion auf die gegenpolige Frage geweckt wird, welche ihre Überraschung die

Person an einen richten lässt, der eine Liebeserklärung unerwartet, aber willkommen gemacht wird: ›Wer bist Du?‹ Solange man darüber auch nachdenken mag, man wird keine eindeutige Antwort finden. Schlimmer: keine wahrhaftige. Denn man wird eine geben, von der man sich erhofft, dass sie die erwünschte Bindung tragen könne, sie wenigstens nicht gefährde. Die zutreffende Antwort wird, hat man Glück, und das gewünschte gemeinsame Leben beginnt, erst dieses geben.

Ganz bei sich – und in dem Maß, in dem es überhaupt möglich ist – ist man nur in den seltensten Momenten der Selbsterfahrung, in denen man sich ganz im Einklang mit sich fühlt. Sie sind am stärksten, wenn sie dort auftreten, wo man nicht hingehört; wo man nicht zu Hause ist. Im fremden Anderswo standzuhalten, macht am verlässlichsten selbstgewiss.

Nur zwei Minuten, und Sie haben mich für immer glücklich gemacht. Jawohl, glücklich; wer weiß, vielleicht haben Sie mich mit mir selbst versöhnt, meine Zweifel gelöst … Vielleicht werden sich bei mir derartige Augenblicke einstellen, daß … .

Solches Glück uneingeschränkter Zufriedenheit mit sich selbst als Kern des Selbstseins ist das seltenste. Die erst heftig aufkeimende Erwartung einer Liebe, eines größten Glücks, das einem zuteilwerden kann, lässt Dostojewskis Alter Ego in seiner Erzählung »Weiße Nächte« seinem vorauseilenden Jubel darüber, ihm könne es unmittelbar bevorstehen, klugerweise ein ›Vielleicht‹ voransetzen (28 f.). Es muss nicht, es kann nur sein. Übereilung müsste es gefährden. Das Glück hat Bedingungen, über die man nicht selbst verfügt. Es bedarf eines Anderen, um einzutreten, der es als Möglichkeit mit sich führt.

Um so erstaunlicher ist es, dass Identität beansprucht und ihr vermeintlicher Besitz verteidigt wird – desto heftiger, je weniger sie bestritten ist –, als hingen von ihr die Freiheit des Selbstseins und dessen Glücksmöglichkeiten ab.

Du sagst, ich soll Dir sagen, was ich für Träume hab? – Keine! – Meine Zukunftspläne? – Nicht vorhanden. Was ich werden will? Nichts, darin folge ich der Maxime jenes Philosophen, der sagte: »Lebe im Verborgenen und stirb.« Ich hab die Träume satt, bin aller Pläne müde, der Gedanken an die Zukunft überdrüssig. Und wenn es darum geht, e t w a s zu werden, dann werde ich so wenig wie möglich.

Diese Haltung, die Gustave Flaubert am 10. Januar 1841 seinem Freund Ernest Chevalier mit jugendlicher Vehemenz bekennt, ist nicht nur für einen jungen Menschen nicht nur seiner Zeit außergewöhnlich (Flaubert, »Briefe«, 120).

Und genau darauf wird es ihm sein Leben lang ankommen: nicht gewöhnlich zu sein. Sie widerspricht der gewöhnlichsten aller Ambitionen, ›etwas zu werden‹. Flaubert konnte es sich leisten, auf diesen Ehrgeiz zu verzichten, den er verachtete. Denn er wollte nicht irgendwer sein, sondern genau der, der er gewiss war, zu sein, und nichts sonst. Sie ist lebendiger Widerspruch zur Einwilligung des Jedermann in die Beliebigkeit der Existenz: *»irgendwer muß man schließlich sein, oder? Darum kommt man nicht herum«* (Philip Roth, *Der Ghost Writer*, 206 f.).

Identität beruht nicht darauf, was man sein will. Sie ist der Inbegriff des undurchsichtigen Geflechtes der Bedingungen, die einen zu dem machen, was man ist, sein soll, und sein kann: Genetik, Herkunft, Geschichte, Begabungen, unmittelbare Lebensumstände – der Kontingenzen des eigenen Daseins als Wirkungen des Unverfügbaren, das einen hervorbrachte. Deshalb ist es ein Glück, das am wenigsten geschätzt wird, obwohl es das wohl größte ist, das einem zuteilwerden kann, sich in ungetrübtem Einklang mit dem zu erleben, was man ist, weil man nur das sein kann.

Was man ist aber, hängt am wenigsten von einem selbst ab.

Und dann, ganz plötzlich, wurde mir klar, daß es i m m e r grausam ist, wenn die Blicke der anderen auf uns ruhen; selbst wenn es wohlwollende Blicke sind. Sie machen Darsteller aus uns. Wir dürfen nicht mehr bei uns selbst sein, wir müssen für die anderen da sein, die uns von uns selbst wegführen. Und das Schlimmste: Wir müssen vorgeben, ein ganz Bestimmter zu sein. Die anderen erwarten das. Dabei s i n d wir es vielleicht gar nicht. Vielleicht läge uns gerade daran, k e i n Bestimmter zu sein und uns in einer wohltuenden Vagheit zu verstecken (Pascal Mercier, *Lea*, 120).

Die Identität, die das Individuum als seine Gewährleistung betrachtet, wird in seinen sozialen Verstrickungen bestritten, und verwandelt sich in die Maske dessen, was wir für Andere zu sein darstellen müssen, um im Existenzgeflecht mit ihnen überhaupt sein zu können. Ihre soziale Funktion vereitelt ihre individuelle.

Es ›gibt‹ keine Identität. Sie ist weder Besitz, noch Eigenschaft. Es gibt ›Selbstverständnis‹ und ›Fremdverständnis‹ von Personen. Was ihnen selbst und Anderen als ihre Identität erscheint, ist eine Durchdringung beider Verständnisse. Was wir ›sind‹, ist das Ergebnis einer in ständiger Modifikation fließenden Überblendung von Selbst- und Fremdbildern. ›Selbstbestimmung‹ kann es nur als die Anstrengung eines unausgesetzten Widerstandes gegen die Elemente der Kontingenz des individuellen Daseins geben, gegen Herkunft, Eltern, Gene, Gesellschaft, Ort und Zeit des Lebens. Sie bewährt sich nicht, indem man durchsetzt, was man zu sein glaubt, sondern indem abgewehrt wird, was dem entgegensteht.

So kontingent man wurde, was man ist, so wenig bleibt man es unverändert auf dieselbe Weise. *Mein Therapeut sieht das so: Das Identitätsprojekt sei ein lebenslanger Prozess. Kein Grund, sich deshalb pubertär zu fühlen. Identitätsarbeit gleicht dem Umbau eines Schiffes auf hoher See. Kein Grund also, nicht ab und zu seekrank zu werden. Was will er mir damit sagen? Dass jetzt das große Kotzen beginnt? Er hat mich schon mal mehr motiviert* (Isabelle Lehn, *Frühlingserwachen*, 116). Hinter dem schnodderigen Ton forcierter Jugendlichkeit steht das ernsteste Problem möglicher Identität. Sein, was man ist, kann man nur, indem man sich in einem ständigen Werden erhält.

Darauf beruht nicht erst die literarische Gattung des Bildungsromans. Als Kunst des Erzählens lebt Literatur seit ihrer Entstehung von dem Urbedürfnis, sich des Lebens anhand seiner Geschichten zu vergewissern, deren beste es nach geläufiger Redensart selbst schreibt. So sehr *ernstzunehmende erzählende Literatur sich der Paraphrasierung und Beschreibung entzieht – und daher N a c h d e n k e n erfordert*, wie Philip Roth eine seiner Romanfiguren, Amy Bellette in *Exit Ghost*, mit polemischer Verve betonen lässt (198 f.), so wenig kann das Nachdenken über das Menschliche auf sie als Archiv seiner Zeugnisse verzichten. *Die Philosophie, reine, abstrakte Theorie, kommt heute nicht mehr ohne die Enzyklopädie und die Anthropologie aus und kann auch nicht darauf verzichten, sich tausend Geschichten anzuhören. Allein die Philosophie vermag zu zeigen, daß die Literatur tiefer ist als sie selbst und daß sie ihr vorangeht. Sie liegt in ihr* (Michel Serres, *Der Hermaphrodit*, 97).

In der Vorrede zu seiner *Menschlichen Komödie* hat Balzac das ihr immanente anthropologische Interesse der Literatur bezeichnet, wenn er feststellt, zu seinem Roman-Zyklus von *der unendlichen Mannigfaltigkeit der Menschennatur* inspiriert worden zu sein (226. – vgl. Lepenies, *Die drei Kulturen*, »Einleitung«). Literatur, in der dieses Interesse regsam wird, ist für eine nachhumanistische Philosophie des Menschlichen unentbehrlich.

Wer wissen will, wer er ist, bräuchte ein Archiv seiner eigenen Lebensgeschichten, in denen sein Dasein sich manifestiert, in dem er jederzeit recherchieren könnte, sobald sich ihm die Frage stellt, oder sie ihm gestellt wird, und er sich der Nötigung ausgesetzt findet, sie beantworten zu sollen. Am nächsten kommt dem die Übung, regelmäßig ein Tagebuch zu führen, das festhält, was schon bald nach seinem Geschehen in den Tiefen des Gedächtnisses versinkt. Das sich auf-schreibende Leben macht erinnerbar, was vergessen werden wird. Ein Tagebuch ist die Schrift eines Gedächtnisses. Dieses bewahrt vom Vergessenen auf, was Erinnerung wird sein können.

Oder an deren Stelle tritt, wenn diese nicht mehr als Mitteilung an Andere möglich ist. Es spricht aus, wie der, der es führte, sich als ›Ich‹ erlebte. Es handelt von nichts als diesem ›Ich‹.

Dass Identitätsbewusstsein zu Selbstbestimmung führen müsse, ist die Illusion, die die Verheißungen der ›Identitätspolitik‹ stiftet. Um es zu sein, muss man nicht wissen, wer man ist. Man ist es, auch ohne einen einzigen Gedanken daran. Da die Kenntnis der bedingenden Faktoren unseres Seins begrenzt ist, und sich nicht durch einfache Willensanstrengung erweitern lässt, haben alle Arten des Unbewussten den größeren Anteil an ihm als jedes Selbstbewusstsein.

Eine der stärksten literarischen Allegorien dieser Verfassung hat Patrick Modiano mit seinem Roman *Die Gasse der dunklen Läden* gegeben. Er spitzt Prousts Problem des Gedächtnisaufschlusses als Stiftung der Selbstgewissheit ultimativ zu, indem er seinen Protagonisten das Gedächtnis verlieren lässt. *Ich bin nichts. Nichts als eine blasse Silhouette, an diesem Abend, auf der Terrasse eines Cafés* (7). Selbstlos begibt er sich auf die Suche nach Spuren dessen, der er war, um zu sich zu finden. Zu wissen, wer man ist, erweist sich als ungewisses Ergebnis einer mühsamen Archäologie der eigenen Lebensgeschichte. *Bis jetzt scheint mir noch alles wirr und zerstückelt … Fetzen, Bruchstücke von Personen und Ereignissen kommen mir plötzlich während meiner Nachforschungen in Erinnerung … Aber vielleicht wird am Ende daraus dann ein Leben … Ob es sich um meines handelt? Oder um das eines anderen, in das ich geschlüpft bin?* (155). Nur als Historiker unseres Daseins könnten wir dessen Bestimmung als Feststellung einer Identität unternehmen. Sie wäre das Integral der Spuren, die es in der Welt hinterlässt. Sie versammeln zu können aber, müsste es abgeschlossen sein.

Erst am Ende einer lebenslangen Selbsterkundung kann einem die Selbstgewissheit zuteilwerden, von der das Verlangen nach Identität erwartet, das Leben zum Gegenstand der Selbstbestimmung zu machen. Wir sind es, die es führen; aber unser Selbst führt uns dabei nicht: es entsteht in seinem Verlauf. Mit dessen Ende ist es ›da‹; und vergeht mit dessen Eintritt unverzüglich.

Deshalb ›sind‹ wir immer dieselben, und doch jederzeit anders. Die Verfestigung eines Selbstbildes zur Identität befreit ein Leben nicht zu sich selbst, sondern behindert die Entfaltung seines sich bildenden Selbst. Sie gibt das Dasein als Gewebe entstehender und vergehender, ergriffener und ausgeschlagener Möglichkeiten preis. Wer nur dieses und nichts sonst sein will, verzichtet auf alles, was er sein kann, weil er ist, was er ist.

Un-Sinn der Ethik

Sei nicht zu moralisch, damit betrügst du dich um ein gutes Stück deines Lebens. Setz dir ein Ziel über der Moral. Sei nicht einfach gut; sei gut für etwas.

Henry David Thoreau, *Tagebuch, 27. März 1848*

Etwas sein zu können, setzt voraus, nichts sein zu müssen. Freiheit gibt es nur unter der Bedingung, keinem Identitätszwang zu unterliegen. Mit der Moralisierung der Politik gerät diese Elementarbedingung einer freien Gesellschaft in Gefahr. Das Sein-Sollen überwältigt das Sein-Können. Wer etwas sein muss, kann nicht sein, was er sein kann und will. Nur, wer nichts Vorbestimmtes sein muss, kann werden, was er ist.

Obwohl es Ethik gibt, seit es Menschen gibt, entsteht ununterbrochen neu, was sie notwendig macht. Obwohl alle wissen, was sie von ihnen verlangt, geschieht unablässig, was ihre Gebote missachtet. Ihr dauerndes Scheitern, in dem sie unentwegt neu entsteht, ist ein perpetuum mobile der Geschichte. Ihre Unentbehrlichkeit bezeugt ihre Unmöglichkeit. Diese wird von nichts so drastisch demonstriert, wie von dem entmutigend absurden Paradox der Todesstrafe als Sühne für den Mord, den zu töten, der das Verbot, zu töten, übertrat.

Niemand, der gegen ihre Gebote verstößt, wird sie selbst in Frage stellen. Eigenes Handeln wird immer als im Einklang mit ihr empfunden. Nur der Unmensch hält sich selbst in allem für schuldlos. Umgekehrt wird der Verbrecher alles tun, seinen Verstoß als eine Erfüllung des Sittengesetzes erscheinen zu lassen, wenigstens vor sich selbst. Dass ihn seine Tat irgendwann reuen, und er wie Raskolnikow in Dostojewskis *Verbrechen und Strafe* Entdeckung und Sühne suchen wird, ist Teil des rousseauschen Märchens von der ursprünglichen Güte aller Menschen. Sie sind gut so lange, wie es ihnen nutzt, und schlecht, wenn es ihnen entspricht, dermaßen, wie es ihnen nicht schadet. Der Egoismus der Selbsterhaltung und des Gutlebenwollens ist die Grundlage aller Handlungen und ihrer Motivationen.

Eine auf diese Einsicht gegründete Ethik kann nicht darauf angelegt sein, das Gute hervorzubringen, sondern ausschließlich darauf, das Schlechte zu vermeiden. Nicht die Verleugnung des Guten ist strafwürdig, sondern die Anrichtung von Schaden. Begründbar wäre sie nur ontologisch: wer tötete, zerstörte einen Ort möglichen Menschseins in der Welt; damit gibt er seinen eigenen preis: nur, ihn zu verlassen, stellt das Gleichgewicht des Seins wieder her.

Jede Ethik ist eine Trivialität. Und eine Zumutung. Jedermann weiß, was sich gehört, was nicht. Jede Forderung, die sie als Verbindlichkeit für jedermann erhebt, richtet sich gegen *Andere*. Gedacht als verbindlich für alle, für die sie gelten soll – und das sind, nimmt sie ihren Anspruch ernst, immer ausnahmslos alle Menschen –, hat sie keinen Adressaten. Sie wendet sich an keine wirklichen Personen, sondern hält diesen ein Ideal des Menschseins vor, das sie zu erfüllen haben.

Soll sie jenseits dieser Abstraktheit wirken können, bedarf sie des Bündnisses mit der Macht. Jedes *Gebot* erfordert als Bedingung seiner Erfüllung die Form eines *Verbotes*, dessen Nichteinhaltung unter Strafe steht. Keine Ethik ohne strafbewehrtes Gesetz. Die Verbindlichkeit des ›Du sollst‹ beruht auf der Drohung einer empfindlichen Beeinträchtigung der Person, die sich ihr entzieht.

Aus dieser Voraussetzung folgt ihre tatsächliche Machtlosigkeit. Die Macht gehorcht im Einsatz ihrer Gewaltmittel zur Aufrechterhaltung einer Gesetzlichkeit den Interessen, denen sie institutionelle Gestalt gibt, nicht den Geboten einer absoluten Gesetzlichkeit für ein ideales Menschsein, das jede Ethik entwirft. Kein Gesetzbuch kennt ›den‹ Menschen, von dem jedes moralische Gebot handelt. Das ist das Dilemma aller Ethik: sie setzt voraus, den Menschen so gut zu kennen, berechtigt und fähig zu sein, die stets unvollkommenen Menschen auf ein Handeln zu verpflichten, das sie einander weniger zur Last fallen lässt: sie ist der Appell, ›mehr‹ Mensch zu sein, als jedermann gewöhnlich gerade ist. Ethik versucht, die Unvollkommenheit des Menschen zu kompensieren, indem sie Regeln aufstellt, die ihre negativen Folgen für deren Zusammenleben in Grenzen der Erträglichkeit hält.

Am wenigsten aber erreicht dieser Appell diejenigen, die ihn am meisten bräuchten. Jedes moralische Defizit geht mit der Überzeugung dessen, an dem es sich bemerkbar macht, einher, er erfülle sein Menschsein uneingeschränkt. Mangelhaft sind immer die Anderen. Jede Moral enthält die Voraussetzung, dass diejenigen, die auf sie verpflichtet werden sollen, weniger Mensch seien, als sie zu sein hätten und sein könnten. Eine größere Zumutung aber kann es für niemanden geben, da sich jedermann für ein wenigstens vollständiges, wenn nicht in jedem Fall vollkommenes, menschliches Wesen hält. Auch nur einem einzigen abzusprechen, ein ganzer Mensch zu sein, aber wäre die Widerrufung des alle Ethik begründenden Grundsatzes der Gleichheit aller Menschen.

Ihr absoluter Verbindlichkeitsanspruch basiert auf der Illusion, ›den‹ Menschen zu kennen. Die konkreten Existenzen der Menschen in ihren verschiedenen Eigenarten erfüllen die Idee des Menschen aber immer nur zum Teil. Statt sie darauf zu verpflichten, zu deren vollkommener Erfüllung zu werden, was nicht einmal die härteste Erziehungsdiktatur zu erreichen fähig wäre, kommt es darauf an, zu verhindern, dass ihre Verschiedenheiten sich als einander ausschließende Feindseligkeit manifestieren. *Philosophie hat zum Gegenstand, einen Ort des Denkens zu konstruieren, an dem die verschiedenen subjektiven Typen, die sich in den singulären Wahrheiten ihrer Zeit geben, koexistieren. Aber diese Koexistenz ist keine Verein-*

heitlichung, und daher ist es nicht möglich, von einer *Ethik zu sprechen* (Alain Badiou, *Ethik*, 44).

Mündigen Menschen, die ihre Selbstbestimmung in freiem Denken und gegenseitigem Respekt leben, ist Ethik nur als Teil der Verständigung über die Bedingungen des Daseins zumutbar. Ihre Arbeit besteht darin, Antworten auf die Frage zu suchen, wie das gefährlichste aller Lebewesen, als das der Mensch sich erwiesen hat, seit er Zeugnisse seines Daseins in der Welt hinterlässt, in der Lage sein kann, sich selbst zu bändigen.

Das Leben ist kurz und schwierig. Und jederzeit gefährdet. Davon ist niemand ausgenommen. Unter der existentiellen Grundbedingung der Gleichgültigkeit der Welt, die Menschenleben zulässt, ohne es zu sichern oder zu versorgen, ist jedes unsicher, solange es dauert. Seine Daseinsmöglichkeiten beruhen deshalb auf den kollektiven kulturellen Leistungen zur Erfüllung der natürlichen Bedingungen des Lebewesens, das wir sind. Niemand kann alleine leben. Alle sind auf alle, die mit ihnen leben, und deren Fähigkeiten in der Aufrechterhaltung dieser Leistungen angewiesen. Gegenseitige Achtung ist die Bedingung der Lebensmöglichkeit aller. Gut ist, was sie schützt und fördert, schlecht, was sie beeinträchtigt. Handeln, das die Bewohnbarkeit der Welt erhält, ist geboten; verboten jedes, das sie vermindert.

Eine zumutbare Ethik setzt das Bewusstsein dieser elementaren Bedingungen des Lebens voraus, die jederzeit für jedermann bedrohlich werden können. Dazu aber bedarf es der Achtung alles dessen, was ist, als das, *was* es ist: der Anerkennung der Verschiedenheiten.

An diesem Maß gemessen, wird Identität als Kern einer Ethik zum Verhängnis.

Der Zwang, etwas zu sein

Man nimmt in der Welt jeden, wofür er sich gibt; aber er muß sich auch für etwas geben. Man erträgt die Unbequemen lieber, als man die Unbedeutenden duldet.

Goethe, *Maximen und Reflexionen, ed. Hecker, Nr. 25*

Kein Mensch muss müssen.

Lessing, *Nathan der Weise*

Wer wüsste nicht, wer er ist.

Solange, bis er danach gefragt wird, wer er sei. Die spontane Antwort darauf wird in der Nennung des eigenen Namens und des Berufes bestehen, den einer ausübt. Oder im Vorweisen des Personalausweises, der carte d'identité.

Der Moment, der einen zögern lässt, die verlangte Antwort zu geben, bezeugt die Unsicherheit, unter der jede Identitätserwartung steht. Sie zu erfüllen, für sich selbst und die Anderen, ist die schwierigste Aufgabe, die sich einem stellt. Was das Gewisseste sein sollte, ist das Ungewisseste.

Jeder will er selbst sein. Aber wer kennt sich selbst schon so gut, dass er wüsste, wer genau er als nichts als er selbst ist?

Der Verlegenheit wird damit begegnet, das Bild, das man von sich hat, so stark zu machen, dass es von den Anderen als Sein der eigenen Person wahrgenommen und anerkannt wird.

Das gelingt umso leichter, je weniger einer weiß, dass er statt seiner selbst sein Selbst-Bild zeigt. Die Lüge, die der Lügner selbst glaubt, kann als Wahrheit wirken. Dadurch wird sie wahr. Hitler konnte der ›Führer‹ werden, wozu er nach seiner Konstitution nicht im Geringsten taugte, weil seine Selbstblindheit ihn glauben ließ, es zu sein. Die Imagination des Führerbildes, das er entwarf, konnte überzeugen, weil es die Leerstelle seines Selbst durch vollkommene Ausfüllung verbarg.

Die ›Lebenslüge‹ gehört zur Klugheit der Selbsterhaltung, die Selbsterkenntnis nicht bis zu der Selbstentblößung voranzutreiben, die einen vor sich selbst entwerten müsste. Wer müsste nicht vor sich selbst erschrecken, der wüsste, wer er wirklich ist. Deshalb sind die gegenseitigen Enthüllungsvorwürfe im intimen Streit von Lebenspartnern so beziehungsgefährdend verletzend, indem sie das Selbstbild zersetzen, sobald sie zu Herzen genommen werden. Nur, wer nicht ganz weiß, wer er ist, kann ganz er selbst bleiben.

Und dies den Anderen zugestehen, denen es mit sich selbst nicht anders ergeht. Das ermöglicht eine Haltung, *in der eben meine eigene Undurchsichtigkeit für mich selbst mir die Fähigkeit gibt, anderen eine gewisse Art von Anerkennung zu verleihen.* Daraus folgt eine Ethik, *die auf unserer gemeinsamen und unabänderlichen Teilblindheit in Bezug auf uns selbst gründet. Die Einsicht, dass man nicht jederzeit ganz der ist, als der man sich im verfügbaren Diskurs gibt, könnte umgekehrt zu einer gewissen Geduld gegenüber anderen führen, so dass wir zunächst einmal von der Forderung ablassen, dass der Andere jederzeit mit sich selbst identisch zu sein hat. Die Aussetzung der Forderung nach Selbstidentität und insbesondere nach vollständiger Kohärenz stellt sich […] einer gewissen ethischen Gewalt entgegen, die verlangt, dass wir jederzeit unsere Selbstidentität vorführen und aufrechterhalten und von anderen dasselbe verlangen* (Judith Butler, *Kritik der ethischen Gewalt*, 59).

Der Bösartige muss sich für gut halten, um böse handeln zu können. Nur, wer sich nicht für schlecht hält, kann gut handeln. Der Zweifel, gut genug zu sein, bringt die Anstrengungen hervor, besser zu werden. Das erklärt die gewöhnliche Gutmütigkeit der Naiven.

Wie wir unser Leben führen, hängt mehr davon ab, wofür wir uns halten, als davon, was wir sind. Von der Idee der Wohltätigkeit ergriffen, kann der zynische Milliardär, dessen Vermögen auf Betrug und Erpressung beruht, zum wirklichen Philanthropen werden. Verstellung wird moralisch unanfechtbar, sobald sie Gutes wirkt, oder Schlechtes verhindert. Die stärkste Sicherung vor dem Bösen ist die Stärke des Wunsches der Schlechten, für gute Menschen gehalten zu werden. Eine unverstellt auftretende Identität ist eine Quelle größtmöglicher Gefährdungen. Für einen selbst ebenso, wie für die Anderen. Sei, der du bist, aber so, dass sich nicht zeigt, was das ist.

Identität ist nicht einsinnig. Sie gilt jeweils, abhängig von der Situation, die nach einer verlangt. Man ist immer gerade etwas: Ausübender eines Berufes, Vater, Mutter, Kind, Liebhaber, Geliebte, Freund, Nachbar, Kollege, Feind. *Das Ich ist zwar zu halten, aber nicht die sogenannte Einheit der Person, worauf das bürgerliche Individuum so stolz war. Statt ihrer zeigt sich, daß gerade Person offen ist, so wie ein guter Gärtner, eben weil er gut ist, nicht immer denselben Strauß bindet. Kein Ich ist in dem, was es ist und kann, schon so fest ausgemacht, daß es sich nicht im Kern erneuert, an den Rändern von sich überrascht sein kann; oder es wird seine eigene Grabschrift* (Ernst Bloch, *Das Prinzip Hoffnung*, II, 1139).

Was man gerade ist, ist man stets für Andere. Man selbst kommt in der Identität, mit der man ihnen begegnet, nicht vor. Dafür wird das eigene Verhalten von der Art der Anderen, die in der Situation einer Begegnung anwesend sind, und den Bezügen zu ihnen bestimmt. Der Weltausschnitt der Situation, deren momentane ›Umwelt‹, legt fest, was man von dem, das man überhaupt ist, gerade ist: Ehemann, Vater, Schwiegersohn, Schwager bei der Familienfeier, nicht Geschäftsführer oder Liebhaber. Man ist immer derselbe, und immer alles, was man ist; aber nie ganz und auf einmal. Jede Situation führt zur Desintegration der Elemente, die die Integrität einer Person ausmachen, und zur betonten Aktivierung eines ihrer Elemente, das ihr am besten entspricht, und einem ermöglicht, sich in ihr zu behaupten. Damit geht eine Modifikation der Selbstwahrnehmung einher, die sich bis zur Selbstbefremdung steigern kann, sobald man bemerkt, sich in einem solchen Akt situativer Anpassung gerade ganz anders zu geben und zu verhalten, als man ›eigentlich‹ ist; sich zu verstellen, sich zu ›verbiegen‹.

Da wir derart ›Mischungen‹ sind, ist Uneindeutigkeit das Wesen wirklicher Identität. Eindeutig sind wir immer nur für Andere, in einem bestimmten Moment der Begegnung, und so, wie die Situation es erfordert oder suggeriert. Mögen wir uns dabei auch noch so selbstgewiss verhalten, erleben wir uns selbst dabei in verwirrender Abweichung von unserer Selbstauffassung, während wir Anderen als genau dieser erscheinen. Das ›Ich‹ ist eine individuelle Komplexion von Verschiedenem im Selben. Eindeutig bestimmt für Andere, sind wir immer schon ›divers‹ in uns selbst.

Jeder Mensch hat nur ein *Leben; ob es aber auch* eine *Identität einschließt, wissen wir nicht* (Blumenberg, *Selbstverständnis*, 39). Deshalb ist *jede* Identität, die einer zu haben überzeugt ist, vorläufig. Mag ihr sicheres Empfinden sich auch sein Leben lang ungestört erhalten. Das einzig Sichere jeder Lebensführung ist das jederzeit mögliche Einbrechen von Diskontinuität: Was gestern galt, kann morgen verloren sein, weil es heute – und jeder Tag ist heute – bestritten wird. Wie Pascal aus der doppelten Ungewissheit der Welt und des Heils, über dessen Teilhaftigkeit erst der Jüngste Tag am Ende der Welt unzweifelhaft unterrichten wird, die Vorläufigkeit der Moral schloss, so folgt aus dem jederzeit möglichen Ende jedes einzelnen Lebens in der Welt die Vorläufigkeit seiner Identität. *Obwohl man weiß, dass man sterben muß, kann man doch seinen Tod nicht erwarten, obwohl seiner gewärtig sein. Er allein ist das jederzeit Mögliche* (Blumenberg, a.a.O., 217).

Für die erwartete Dauer eines *ganzen* Lebens voraus empfunden, gilt eine Identität in den Augenblicken und Situationen, die es erforderlich machen, eine vorweisen zu können, oder eine ganz bestimmte nicht vorweisen zu müssen. Im Extremfall, um über diesen kritischen Moment hinaus am Leben bleiben zu können. Für einen auf den Tod Verfolgten kommt alles darauf an, eine *andere* als seine tatsächliche persönliche Identität präsentieren zu können. Wer nicht über mehr als nur eine mögliche Identität gebietet, dessen Leben ist im Zeitalter des Zwangs zur singulären Existenz am gefährdetsten. Der Passfälscher ist als Garant lebensrettender Scheinidentität das Symbol des Zwanges zur Identitätsvariabilität als Behauptung gegen jede Zwangsidentifikation. Ich muss vorgeben können, ein anderer zu sein, um bleiben zu können, der ich bin.

Am überzeugendsten kann einer nur dann sein, wenn er auch ›ist‹, was er zeigt. Um als Lebensgarantie wirken zu können aber, darf Identität nicht fixiert sein. Ein ›Ich‹ als Kern einer Identität erweist sich so als die pure Tatsache, überhaupt – noch – zu sein. In deren Dienst stehen die ›Masken‹ und ›Rollen‹ dessen, was ich sein muss, um ›Ich‹ im großen Miteinander der Konkurrenzen um Alles sein zu können.

Diese Lehre der totalitären Epoche ist nach deren – wie inzwischen zu befürchten ist, vorläufigem – historischem Ende unverändert anthropologisch gültig: Wer nur *einer* ist, ist leicht *keiner*.

Vorgegeben oder erworben, ist Identität keine feste Größe. Sie geht aus einem Prozess unablässiger Bildung und Wandlung hervor, der sich als Austausch von Fremd- und Selbstbildern der Person vollzieht. Zur Selbstgewissheit der Person ausgestaltet, ist Identität das Ergebnis einer spezifischen Zirkulation von Bildern.

Lange, bevor wir selbst sehen, werden wir gesehen. Bevor man etwas von sich selbst wissen kann, hat man lernen müssen, wie Andere einen sehen. Gleich, was ich bin, und unbeschadet eines Wissens dessen, wer ich bin, bin ich immer zuerst der, zu dem der Blick der Anderen mich als Angehörigen einer sozialen Ordnung macht. *Es genügt, dass der andere mich ansieht, damit ich das bin, was ich bin*

(Sartre, *Das Sein und das Nichts*, 206). Eine Identität ›hat‹ man nur im Urteil der Anderen. Man existiert als der, als der man wahrgenommen wird.

Das neugeborene Menschenkind ist ein an die Blicke derer, die vor ihm in der Welt waren und es umgeben, ausgeliefertes Objekt der Wahrnehmung. Von den hegenden der Mutter, über die befremdet-stolzen des Vaters, bis zu den zudringlichen der Verwandten und Nachbarn, die sich über den Kinderwagen beugen. So wird es lange bleiben, bis das neue Wesen beginnt, selbst zu blicken: seinem Sehen eigene Absicht beizumischen, und darauf zu achten, welche Wirkung es auf Andere hat, sich so oder so zu verhalten.

Der Blick der Anderen bestätigt das neue Sein, und reguliert die Äußerungen seiner Anwesenheit. In unendlicher Variationsfähigkeit manifestiert der Blick Empfindungen, Erwartungen und Absichten, die sich auf das richten, was er fixiert. Die ursprüngliche Zirkulation der identitätsbildenden Bilder ist der Blick-Tausch in der Eltern-Kind-Beziehung. Nicht wissend, dass man gesehen werden kann auch, wenn man selbst nicht sieht, schließt das sich einer Verfehlung bewusstwerdende Kleinkind die Augen, oder nimmt die über es wachende Person fest in seinen Blick, dabei, eine Ungezogenheit zu begehen. Auge in Auge herausfordernd, beginnt die Bildung seines Ichs. *Das Kleinkind tritt in die Welt ein und ist damit von Anfang an einer Sprache und einer Reihe von Zeichen ausgeliefert, die bereits einen operativen Modus der Rezeptivität und des Anspruchs zu strukturieren beginnt. Aus dieser Primärerfahrung des Ausgeliefertseins von Anfang an entsteht schließlich ein ›Ich‹. Und das ›Ich‹ kommt trotz seiner Herrschaftsansprüche niemals über dieses anfängliche Ausgeliefertsein hinaus* (Judith Butler, *Kritik der ethischen Gewalt*, 105 f.). Ihre Wirkung durchzieht sein ganzes Leben. Diese *Vorgeschichte des Subjekts* endet nicht. Sie *ereignet sich jedes Mal, wenn ich mich über mich äußere. Wenn ich das ›Ich‹ verbalisiere, widerfährt mir etwas, das von diesem Ich nicht erfasst oder angeeignet werden kann, weil ich immer schon zu spät zu mir selbst komme* (a.a.O., 107 f.).

In der ununterbrochenen Wirkung dieser Prägung, die das Selbst auf seine Vorbestimmtheit zurückwirft, wann immer es sich regen will, setzt sich die Gewalt des Seins, durch Geburt ins Leben gebracht worden zu sein, fort, zu deren Agenten die sozialen Beziehungen werden, die dazu verpflichten, ›etwas‹ zu sein. Auf die Härte dieses Zwanges trifft die Unsicherheit über das eigene Selbst, und wird von ihr bis zur Unüberwindbarkeit gesteigert. Die gesellschaftliche Bedingtheit des Daseins verlangt von einem nicht, ›jemand‹, sondern ›etwas‹ in seiner gegebenen Ordnung zu sein. Die Nötigung zur Identität übergeht nicht nur die persönliche, sie setzt sie aus. Übereinstimmung beider ist so selten, wie der Selbstbetrug häufig, sich einzureden, auch zu sein, als ›was‹ man existiert.

Hinter dieser unentrinnbaren Pflicht steht die umfassendere absolute, überhaupt zu sein, die Hans Jonas mit seinem *Prinzip Verantwortung* zur Überlebenspflicht der Menschheit erhob, und die Nötigung, ins Leben gezwungen worden zu sein, als tätiges Daseinseinverständnis zu beglaubigen. Zum auferlegten Sein zugelassen ist nur, wer in seiner individuellen Eigentümlichkeit durch vorweisbare Identität bestimmbar ist, deren Platzhalter der Name ist, der, einmal ins Melderegister eingetragen, unveränderlich auf Lebenszeit gilt.

Die erste Person, die im Prozess der Adoleszenz, der Erziehung und der Bildung entsteht, unterliegt noch ganz der Kontrolle sozialfunktionaler Rollen. Wie ich als Kind war, bestimmt, wie ich sein werde; der Sohn, der ich war, gibt den Vater vor, der ich werde: das Bild des Vaters, das die Erfahrung eingab, Sohn zu sein, wird einen zu dem Vater machen, der er sein kann – schließlich modifiziert vom Blick des eigenen Sohnes auf ihn; dessen Selbst-Wahrnehmung als Sohn dann seine Person als Vater bestimmt.

Die ›Grausamkeit der Wirklichkeit‹ (Clément Rosset) manifestiert sich am dauerhaftesten in der *Pflicht zur Identität*, die das Dasein jedem Neugeborenen bis ans Ende seines Lebens auferlegt. Wie das Finanzamt den Bürgern eine Identifikations-Nummer. Ein Leben hat nur, wer nicht nur sein Sein hat, sondern ein für alle Anderen wahrnehmbar bestimmtes, das ihn berechenbar macht. Man kann nicht einfach sein; man muss *jemand* sein. Zu dem jemand, der man für sich und die Anderen sein wird, um leben zu können, wird man gemacht, bevor man daran gehen kann, sein Leben mit erworbenem, schließlich erprobtem Bewusstsein zu führen. Erziehung und Bildung machen uns zu denen, die sein zu sollen wir uns finden, wenn wir beginnen können, jemand aus eigenem Antrieb sein zu wollen.

Nach der Erziehung, die uns zu einem funktionsfähigen Teil der Gemeinschaft machte, aus der wir entstanden, indem sie uns mit einer Identität ausstattete, die uns befähigt, am Lebensprozess unserer Herkunftsgemeinschaft teilzunehmen, steht für das Menschenwesen, das sein Leben aus Freiheit bestimmen will, die Aufgabe an, sein Eigen-Sein als *Zweite Identität* zu bilden.

Als die Summe aller Organisationsformen, die gewährleisten, dass die elementaren Lebensbedingungen jederzeit erfüllt sind, *ist* das Kollektiv der Zwang zur Identität. Nur wer ihm entkommt, wird ein eigenes Leben im kollektiven Dasein finden können. Es geht aus der ausbalancierten und gestalteten Spannung zwischen lebenspragmatischer *Pflicht* zur Identität und lebenstatsächlicher *Unfähigkeit* zu ihr hervor. Individuelle Existenz steht dabei gegen kollektives Dasein. Dabei wird die provisorische Identität der Lebensführung, wie sie die Gesellschaftlichkeit unseres Daseins ebenso fordert wie ermöglicht, zum Mittel, eine Zweite Identität des Eigenseins hervorzubringen. Deren Erfolg ist ihr Selbst als Überschuss der Person über ihre Identifikation, und ihre Selbstbehauptung die Fähigkeit, sich deren Einengung auf die wenigen Merkmale, die sie verwendet, zu entziehen, und ihr die Fülle ihrer Eigenschaften gerade dort entgegenzusetzen, wo ihre Identifikation sie übergeht.

Dann ist Identität der Grenzwert der lebenslänglichen Aufgabe einer kontinuierlichen Selbst-Hervorbringung: das Ergebnis von Lebensarbeit. Diese setzt jene nicht voraus; umgekehrt folgt jene aus dieser.

Diese Lebensarbeit beginnt an der Schwelle zwischen Adoleszenz und Erwachsensein, die von der – meistens plötzlich, manchmal schockartig über einen kommenden – Einsicht in die eigene Sterblichkeit markiert wird: Was und Wer immer ich sein werde, ich werde es nur begrenzt sein, und es ist möglich, dass ich nicht lange genug sein werde, um ganz ›Ich‹ zu werden.

Dieser Schrecken steigert sich im Gewahrwerden der eigenen Selbstunkenntnis. Ich werde ›Ich‹ erst *werden* müssen, weil ich noch nicht weiß, wer ›Ich‹ ist, obwohl ich weiß, dass *ich* es bin, der es nicht weiß. So erneuert sich im Übergang vom jugendlichen Ich des reinen Willens zur Existenz zum ›Selbst‹ ihrer eigenverantwortlichen Ausgestaltung jene *Urfremde* im Verhältnis des Menschen zur Welt, die ihn mit keiner bestimmten Lebensform ausstattete, sondern ihm die Nötigung auferlegte, sein Leben immer wieder durch Gestaltung seiner Weisen, zu existieren, neu zu erfinden (vgl. Steffens, *Ontoanthropologie*).

Die anfängliche Fremdwahrnehmung ist der Agent des gesellschaftlichen Zwanges zur Identität. In der *Ersten Identität* steckt das ganze Erbe der Zivilisation der Selbsterhaltung, die die ursprüngliche Weltfremdheit des Menschen kompensiert. Ihr wichtigstes Mittel, das rationale Denken, fungiert nach dem Zwang zur Bestimmtheit, dem logischen Gesetz vom ›ausgeschlossenen Dritten‹.

Wahrzunehmen, von Anderen wahrgenommen zu werden, ist der Beginn der Selbst-Wahrnehmung, die auf dem Weg einer kontinuierlichen Reflexion des Wahrgenommenen – dessen an mir, worauf der wahrgenommene Blick, den der Andere auf mich richtet, meinen eigenen auf ›mich‹ lenkt – zur Bildung der Person führt, die weiß, was ihr ›Ich‹ ist.

Wie es für den Erfolg der Selbsterhaltung darauf ankommt, die hinnehmend-passive in eine formend-aktive Weltaufmerksamkeit zu überführen, so setzt der Prozess der Selbst-Werdung in dem Moment dieses Übergangs ein, in dem einer spürt, dass das Objekt des Wahrgenommenwerdens er selbst ist.

›Ich‹ ist der, der wahrnimmt, was ›mir‹ geschieht. Das Selbstbewusstsein, das aus der Reflexion der einander ausgesetzten Selbst- und Fremd-Wahrnehmungen entsteht, bedarf der Distanz: eines inneren Zurücktretens der Person von sich selbst, das ihr den Blick auf sich als Objekt der Wahrnehmung eröffnet. Damit entsteht der Spielraum der Selbsterprobung, aus der die Selbstbildung des Einzelnen hervorgeht. *Mein* Ich wird die Fülle der Bilder sein, die ich den Blicken der Anderen entgegensetzen kann, die mir ihr Bild von mir auferlegen.

Das Ich der *Ersten Identität* ist der, als den ich im identifizierenden Blick der anderen erscheine. Aber der bin nicht ich, sondern der für die Anderen. Die Selbsterhaltung auf Gegenseitigkeit bedarf einer Identifikation jedes Einzelnen, die auf der Sozialisierung der logischen Struktur des Denkens beruht.

Als Mittel der kollektiven Selbsterhaltung verabsolutiert die Rationalität die logische Grundvoraussetzung im Gebrauch der Begriffe, wie sie der ›Satz der Identität‹ festlegt: Eines kann nicht zugleich etwas anderes sein. Der Begriff kann nicht gleichzeitig zweierlei Dinge oder Sachverhalte bezeichnen: Tertium non datur. *Das Einzel-Ich ist Eines nur vermöge der Allgemeinheit des numerischen Einheitsprinzips; die Einheit des Bewußtseins selber Reflexionsform der logischen Identität* (Adorno, *Negative Dialektik*, 146).

Aber kein Sein geht in seinem Begriff auf. *Was ist, ist mehr, als es ist. Dies Mehr wird ihm nicht oktroyiert, sondern bleibt, als das aus ihm Verdrängte, ihm immanent. Insofern wäre das Nichtidentische die eigene Identität der Sache gegen ihre Identifikationen* (Adorno, a.a.O.,

164; vgl. Ute Guzzoni; Anke Thyen). Was sie – für sich – sind, liegt in den Resten; in dem, was sich eindeutiger Bestimmung entzieht.

Was zivilisatorisch für die Dinge gilt, gilt kulturell für die Personen umso mehr. Im ausgeschlossenen Dritten der Rationalität, auf deren sozialen Operationen die *Erste Identität* beruht, steckt alles, was das Sein des Einzelnen unverwechselbar und sinnvoll macht.

Wir sind, was wir nicht *sind*. Die wahre Bestimmung eines Menschen beruht auf seiner tatsächlichen Nichtidentität mit den Begriffen seiner Identifikation im Lebensaustausch mit Anderen. Die Identität eines Menschen, in der er sich als unbezweifelbar er selbst wiederfindet, liegt in der unverwechselbaren Einzigartigkeit seiner Person. Diese erschöpft sich nicht in seinen sozialen Bestimmungen, Funktionen und Rollen. Sie ist in der Nichtidentität als dem, was die *Erste Identität* einer Person nicht kennt, geborgen: im Unerfassten ihrer Selbsterfahrung und Selbst-Wahrnehmung. Paradox zugespitzt: Umso mehr einer es auf Nichtidentität seiner Existenz anlegt, desto ausgeprägter wird die Identität seiner Person sein können. Ihr wird desto näher kommen, je ferner einer von sich abrückt, worin er in äußeren Beziehungen verstrickt ist. Je weiter ein Einzelner sich von normierten Bildern seines Daseins zu distanzieren weiß, desto größer werden seine Möglichkeiten, eine selbstbestimmte Existenz zu führen.

Ein mögliches Selbst liegt in den Überschüssen und Resten, die die soziale Identifikation überschreiten. Für seine Bildung ebenso wie für seine Erkenntnis kommt es auf ein Denken dieser spezifischen Nichtidentität an. Deren Erkenntnis *will sagen, was etwas sei, während das Identitätsdenken sagt, worunter etwas fällt, wovon es Exemplar ist oder Repräsentant, was es also nicht selbst ist. Identitätsdenken entfernt sich von der Identität seines Gegenstandes um so weiter, je rücksichtsloser es ihm auf den Leib rückt* (Adorno, a.a.O., 152).

Das gilt im Extrem dort, wo Menschen selbst zum Gegenstand identifizierender Bestimmung ihres Wesens *als* Menschen werden.

Nach der Erfahrung seiner ›Bildsamkeit‹ als Werkstück einer politisch-gesellschaftlichen, dann biotechnischen Anthropoietik, die auf die Herstellung einer Normform des Menschen angelegt ist, wurde die ›Bildlichkeit‹ des Menschen, auf der die nachantike europäische Kultur beruht, zu deren größtem Problem. Aus der Bildlichkeit wurde Bildbarkeit, aus der Bildbarkeit wurde Formbarkeit.

Der Terror der ›Anthropolitiken‹, in die dies mündete (zum Begriff: Steffens, *Wiederkehr*, Zweiter Teil), hat die identifizierenden ›Menschenbilder‹ zu Instrumenten der Vernichtung gemacht. Sie führt den Zwang, den das Entweder-Oder der Logik übt, bis zur absoluten Entscheidung des ultimativen Entweder-Oder, das es gibt: leben zu dürfen, oder nicht; zur Gemeinschaft der Menschen zu gehören, oder nicht. Kein Diskurs kann sie treffen; nur die Willkür des Machtspruchs einer Gewaltherrschaft. Denn das Urteil richtet sich an den, der es fällt, nicht an den, über den es ergeht. In ihm erreicht die Logik der Identifikation ihre äußerste Folgerichtigkeit.

Als Widerrufung der Lebensgemeinschaft ist das Urteil über Lebensrecht und -unrecht nicht zustimmungsfähig. Kein ›Wir‹ kann es beglaubigen, da es das ›Wir‹ als Gemeinschaft der Urteilenden und der Berurteilten aufhebt. *Die Universen beider Sätze: Daß er stirbt, verfüge ich und: Daß ich sterbe, verfügt er, besitzen keinerlei gemeinsame Anwendungsmöglichkeit. […]. Der Empfänger der SS-Norm ist die SS. Der Sender der Vorschrift für den Deportierten ist diesem unbekannt, er ist vom Empfänger aus nicht ›erkennbar‹, der sich innerhalb einer legitimierenden Satzverkettung* – also einer logischen Operation – *nicht auf diese Instanz begeben kann. Die Dispersion erreicht ihren Höhepunkt. Mein Gesetz bringt ihn, der ihm nicht unterliegt, zu Tode. Mein Tod beruht auf seinem Gesetz, dem ich durch nichts verpflichtet bin. Die Delegitimation ist vollkommen, sie bestätigt den Verdacht, der auf dem Wir lastet, das die Verkettung zwischen der Vorschrift und ihrer Norm leisten soll: es sei eine Fiktion* (Jean-François Lyotard, *Der Widerstreit*, 174).

Im Urteil, nicht sein zu sollen, kulminiert der Zwang, ›etwas‹ sein zu müssen, in der Absurdität seiner Selbstaufhebung, indem es das ›etwas‹ in ›nichts‹ verwandelt. Und enthüllt damit das böse Geheimnis der Identifikation: die Aufhebung des Seins, das sie bestimmt.

Viele im Selben

Mensch, es wohnen dir zwei Seelen
In der Brust!
Such nicht eine auszuwählen
Da du beide haben mußt.
Bleibe stets mit dir im Streite!
Bleib der Eine, stets Entzweite!
Halte die hohe, halte die niedere
Halte die rohe, halte die biedere
Halte sie beide!

Bertolt Brecht, »Die heilige Johanna«

Mit Anderen ist derselbe anders.

Das ist nicht auf das Repertoire der ›Rollen‹ beschränkt, die jeder als Angehöriger seiner Gesellschaft ›spielt‹. Auch in derselben Rolle sind wir andere. Denen gegenüber etwa, denen wir als Freund begegnen, verhalten wir uns deren Eigenart und ihrer eigenen Beziehung zu uns entsprechend durchaus verschieden, wie sich die Modulation unserer Stimme am Telefon je nach Gesprächspartner ändert. Es ist nicht durchweg derselbe Humor, den wir teilen, und mit denjenigen, mit denen wir gemeinsam Urlaube verbringen, besuchen wir vielleicht nicht dieselben Konzerte, sondern andere, oder keine. Und was wir dem einen bieten, wird ein Anderer an uns vermissen, den wir seinerseits für etwas schätzen, das uns an Anderen fehlt.

Um Verstellung geht es bei diesen Nuancierungen nicht. Denn sie modulieren das interne Selbst in den Momenten, in denen sie auftreten, ebenso wie das äußere Verhalten. In ihnen erleben wir auch uns selbst als modifiziert. Vorausgesetzt, wir verfügen über die reflexive Distanz der Selbstwahrnehmung. *Denn ein Landesbewohner hat mindestens neun Charaktere, einen Berufs-, einen National-, einen Staats-, einen Klassen-, einen geographischen, einen Geschlechts-, einen bewußten, einen unbewußten und vielleicht auch noch einen privaten Charakter; er vereinigt sie in sich, aber sie lösen ihn auf, und er ist eigentlich nichts als eine kleine, von diesen vielen Rinnsalen ausgewaschene Mulde, in die sie hineinsickern und aus der sie wieder austreten, um mit andern Bächlein eine andere Mulde zu füllen. Deshalb hat jeder Erdbewohner auch noch einen zehnten Charakter, und dieser ist nichts als die passive Phantasie unausgefüllter Räume; er gestattet dem Menschen alles, nur nicht das eine: das ernst zu nehmen, was seine mindestens neun andern Charaktere tun und was mit ihnen geschieht; also mit anderen Worten, gerade das nicht, was ihn ausfüllen sollte* (Musil, *Der Mann*, 35). Anders sind wir allem Bedürfnis nach Anderssein vorausgehend schon gemäß der Fülle unserer Anlagen und Eigenschaften, die sich als Fähigkeiten und Charakterzüge zeigen, wann und wo immer es möglich oder nötig wird. Aber wir sind es in unmittelbarem Reflex auf die Situation, die es nahelegt, nicht als überlegte Handlung aus einem Bewusstsein des Selbstseins. Außer, dessen Empfinden selbst wird situativ in Frage gestellt. Aber auch dann folgt die Reaktion instinktiver Spontaneität.

Die Leute sind nicht nur unterschiedlich, sondern sie unterscheiden sich alle – wenn von sonst nichts, dann voneinander. Sie unterscheiden sich nicht von einem Archetyp oder einer Allgemeinheit. Die typischen Züge (seien sie nun ethnisch, kulturell, sozial oder generationsbedingt usw.), deren eigene Schemata ihrerseits eine andere Ordnung der Singularitäten konstituieren, schaffen singuläre Differenzen nicht nur nicht ab, sondern lassen sie vielmehr zutage treten. Dabei sind die singulären Differenzen nicht nur ›individuell‹, sondern infra-individuell: Mir begegnen nie Pierre oder Marie, sondern der eine oder die andere in gewisser ›Form‹, einem ›Zustand‹ oder einer ›Stimmung‹ (Nancy, *singulär plural sein*, 29).

Die Sehnsucht, anders zu sein, bildet den Gegenpol zum Bedürfnis nach stabiler und unangefochtener Identität. Wir können immer nur weniger von dem sein, was wir sind. Wir sind immer gerade dieses oder jenes dessen, was uns ausmacht. Die Anforderungen des Existierens zwingen zur Wahl, zur Konzentration auf einige Möglichkeiten des Selbstseins und dessen Fähigkeiten, während andere vernachlässigt werden müssen. Zeitweise, oder lebenslang.

Was für ein interessanter Gedanke, dachte Ferguson: sich vorzustellen, wie für ihn alles anders sein könnte, auch wenn er selbst immer derselbe bliebe. Derselbe Junge in einem anderen Haus mit einem anderen Baum. Derselbe Junge mit anderen Eltern. Derselbe Junge mit denselben Eltern, die aber nicht dieselben Dinge täten wie jetzt. Was, wenn zum Beispiel sein Vater immer noch Großwildjäger wäre und sie alle in Afrika leben würden? Was, wenn seine Mutter eine berühmte Filmschauspielerin wäre und sie alle in Hollywood leben würden? Was, wenn er einen Bruder oder eine Schwester hätte? Was, wenn sein Großonkel Archie nicht gestorben wäre und er jetzt nicht Archie heißen würde? Was, wenn er von demselben Baum gefallen wäre und sich nicht ein, sondern beide Beine gebrochen hätte? Was, wenn er sich beide Beine und beide Arme gebrochen hätte? Was, wenn er dabei gestorben wäre? Ja, alles war möglich, und nur weil etwas auf eine bestimmte Weise geschah, hieß das noch lange nicht, dass es nicht auch auf eine andere Weise geschehen könnte. Alles könnte anders sein.

Was Paul Auster auf den 1200 Seiten seines Romans *4,3,2,1* (86), mit dem er Musils ›Möglichkeitssinn‹, *alles, was ebensogut sein könnte, zu denken und das, was ist, nicht wichtiger zu nehmen als das, was nicht ist* (*Der Mann*, 16), auf die amerikanische Existenz anwendet, als ›interessanten Gedanken‹ durchspielt, ist tatsächlich ein absurder. Dafür bürgt bereits die Sprache seiner Artikulation, in der Konditionalis und Konjunktiv sich drängen. Ganz anders, und dabei derselbe sein, ist keine Lebensoption. Dass sich vorstellen lässt, es gäbe sie, belegt, wie sehr die Einbildungskraft das Denken regiert.

Man hätte ein anderer werden können, ein Jahrzehnt früher oder später geboren, oder an einem anderen Ort; aber man kann kein anderer sein als der, der man geworden *ist*. Man kann es dazu bringen, auf andere Art zu sein, was man ist, es anders zu leben, als man es bisher tat; zu einem anderen macht einen das nicht. Die Sehnsucht, anders zu sein, ist nur im Denken, und in den Imaginationen der Künste erfüllbar. Was diese für das Leben nicht wertlos, sondern als Gegenhalt der Kompensation des Unveränderlichen unentbehrlich macht.

Weder seine Beziehungen zu Anderen, noch das Selbstbewusstsein eines Menschen erreichen die Eindeutigkeit, die das Axiom der Logik als Kern der Rationalität jeder Identität abverlangt. In der Reflexion von Erfahrungen der Bedrohung wird am intensivsten bemerkt, wie binnendifferenziert und wie wenig einsinnig das eigene Selbst tatsächlich ist. Der Verfolgte, der flieht, und zum Migranten wird, muss Fähigkeiten entwickeln, von denen er nicht wusste, dass er sie überhaupt besitzt, da sein bisheriges Leben sie ihm nicht abverlangte.

Einen Herzinfarkt nur knapp überlebend, wird Peter Weiss sich während seiner langwierigen Erholung auf einer Reise der Vielfalt und Komplexion seiner Person bewusst.

Vor *dem schrecklich schönen Seepanorama bekannte ich mich zu den Gegensätzen in mir, diese sentimentale Reise stellte etwas wie eine innere Einheit her, sie war ein Bekenntnis zur Tradition, zur Zusammengehörigkeit mit Emotionen, die sich, trotz aller literarischer und intellektueller Entscheidungen, trotz des immer wieder hervorgehobenen beispielhaften sozialen und politischen Wegs, nicht verleugnen ließen, ebensowenig wie mein Ursprung sich verleugnen ließ, und es war etwas dabei vom Einverständnis mit meinen eigenen Verirrungen, mit weltfremden romantischen Vorbildern, denen ich entwachsen war, und die meiner Entwicklung doch angehörten, es war etwas dabei vom instinktiven Festhalten bestimmter Töne und Bilder, die in die Härte heutiger Entschlüsse nicht paßten, und die doch tief auf mich eingewirkt hatten und unveränderlich als Grundmuster unter meinen Gedanken lagen* (Weiss, *Rekonvaleszenz*, 111).

Aber es bedarf nicht des Extrems, unmittelbarer Lebensgefahr ausgesetzt zu sein, um zu erleben, wie uneindeutig gerade für einen selbst ist, was man ist. Dazu reichen Momente der Irritation, der Abweichung, des Unerwarteten, auf die man spontan reagiert, wie man es noch nie tat. Dann gilt das verwunderte ›So kenne ich dich ja gar nicht‹, mit dem die Umwelt darauf antwortet, ebenso für einen selbst. In den Augenblicken noch geringstfügiger Selbstbefremdung tritt die verborgene Fülle der eigenen Verfassung hervor.

Auch das Selbst hat seine Geschichte, in deren Verlauf die verschiedensten Züge der Person mal hervor-, mal zurücktreten und bestimmend werden, oder unwirksam bleiben. Sie gruppieren sich um den festen Kern des Bewusstseins, dass es sich dabei stets um ›mich‹ handelt: *so grundlegend verändern wir uns nicht, daß uns das, was einmal der Inbegriff einer geistigen Bestätigung gewesen ist, ganz fremd werden könnte* (Weiss, a.a.O.). Und geschieht es doch, so wissen wir dennoch, dass wir es waren, die es nun nicht mehr sind. Diese Selbstgewissheit ist noch keine Selbstkenntnis. *Das Wer aber bleibt noch das dunkle Daß, das nach seinem Was auf dem Weg ist* (Ernst Bloch, »Einsichten in den Nihilismus und die Identität«, 63).

Die elementare Bestimmung von Identität reicht über diese Dauerhaftigkeit der Ich-Gewissheit nicht hinaus: zu wissen, dass ich es war, der erlebte, woran ich mich erinnere, dass ich es bin, der gerade dabei ist, dieses oder jenes zu unternehmen, dem dieses oder jenes vorgehalten, abverlangt oder bescheinigt, an den das Wort, die Mitteilung gerichtet wird. Sie bildet den Nucleus der Person; besagt aber noch nichts über deren Wesensbestimmtheit. Das ›Ich‹, das sich seiner gewiss ist, ist erst die Voraussetzung eines ›Selbst‹.

Schrecklichster der Wünsche

Anders Sein

Wem gelingt es schon, anders zu werden? Und gelänge es einem, wie könnte er davon wissen? Gar zu einem anderen geworden, den seine Einbildungskraft entwerfen mag, hätte er den, der es sich wünschte, uneinholbar hinter sich gelassen.

Keiner von uns allen könnte nicht auch ein anderer sein. Ein Strauch tut sich vorerst genug damit, einer zu sein. Doch aus einem Menschen kann sozusagen alles werden, unfertig wie er ist (Bloch, *Prinzip Hoffnung*, II, 1093).

Wirklich? Auch, wenn man nicht verkennt, dass Blochs Apodiktik – wie die Adornos – thetisch und nicht dekretorisch ist, erscheint diese Aussage in ihrer allumfassenden Gebärde zu wenig zweifelsbewusst. Für den Menschen überhaupt mag dies gelten; nicht für den Einzelnen. Wäre es so, gäbe es das Problem der Identität nicht. Dann ließe sich eine wählen, und eine unangemessene sich durch Willensentschluss durch eine andere ersetzen. Ihre ›Unfertigkeit‹ als ›Mängelwesen‹ zwingt Menschen dazu, ihrem Dasein unentwegt Gestalt und Form zu geben. *Nichts ist der Mensch ›als‹ Mensch von sich aus, wenn er, wie in den Gesellschaften modernen Gepräges, fähig und willens ist, diese Rolle und damit die Rolle des Mitmenschen zu spielen: nicht blutgebunden, nicht traditionsgebunden, nicht einmal von Natur frei. Er ist nur, wozu er sich macht und versteht. Als seine Möglichkeit gibt er sich erst sein Wesen kraft der Verdoppelung in einer Rollenfigur, mit der er sich zu identifizieren versucht. Diese mögliche Identifikation eines jeden mit etwas, das keiner von sich aus ist, bewährt sich als die einzige Konstante in dem Grundverhältnis von sozialer Rolle und menschlicher Natur* (Helmuth Plessner, »Soziale Rolle und menschliche Natur«, 35). Diese Wahl aber ist keine eigene Stiftung, sondern eine Übernahme von bereits Bestehendem. Das gesellschaftliche Rollenspiel vollzieht sich nicht als Begegnung gewählter, sondern durch Prägungen, Sitten und Institutionen vorgegebener Daseinsgestalten. *Die bisherige Geschichte hat so den Bann, aber auch den Reichtum jener jeweils kanonischen Typen erzeugt, die als jeweils voranziehende Leitbilder ausgezeichnet werden können. Solche Gestalten sind etwa der Krieger, der Weise, der Gentleman und gar der Citoyen. Alle diese Leitbilder führten eine Art Spruchbänder, lockend-gebietende Devisen; ihnen gemäß mochte oder sollte ein vollkommener Mensch jeweils beschaffen sein. In den Leitbildern verdichtet sich dasjenige in menschlich sichtbarer, ausbildender Gestaltung, was jeweils Tugend genannt worden ist, als das der Kreatur nicht gegebene, sondern ihr aufgegebene Verhalten* (Bloch, a.a.O., 1094).

Die Enttäuschung darüber, dass der Wunsch sich nicht erfüllt, als wäre es ein Unglück, verstellt das wahre Glück seiner Nichterfüllung. Hinter dem Anders-Werden nämlich lauert das Nicht-mehr-Sein. Das Subjekt des Wunsches ist ein anderes als das seiner Erfüllung. Diese verwandelte es in das Objekt eines Geschehens, in dem es verschwände.

Die gewisseste Verwandlung, die jedem unabweisbar bevorsteht, ist die seines lebendigen Leibes in eine Leiche. Entseelt, wird der Körper zu reiner Materie, in die hinein er sich auflöst. Dem Entsetzen darüber, das der Tod eines geliebten Menschen am intensivsten weckt, begegnet die Vorstellung, der Zersetzungsprozess, der seinen Körper der Weltmaterie zurückerstattet, verwandele ihn schließlich in etwas, das zu den Freuden des mit ihm geteilten Lebens zählte, wie den Sand, den an einem Strand durch die Finger rinnen zu lassen, zu den Momenten glücklicher Zweisamkeit gehörte (vgl. Steffens, *Die Narbe*, 135).

Diese letzte Verwandlung des lebenden Organismus der Verfügung menschlicher Willkür zu unterwerfen, war das rohe Universalmittel der totalitären Anthropolitik, die es unternahm, die Sehnsucht, den Menschen in einen anderen, einen ›Neuen Menschen‹ zu verwandeln. Die Bestimmung dessen, der dessen Merkmalen nicht genügt, ist unter deren Herrschaftsgewalt, eine Leiche zu werden: das ›falsche‹ Sein soll nicht mehr sein.

Mit dem ältesten Wunsch verhält es sich wie mit dem perfekten Mord: seine Erfüllung machte sein Zeugnis unmöglich, wie dessen Gelingen ihn unaufklärbar. Niemand erführe jemals davon. Ein anderer geworden, wüsste er nichts mehr von dem, der er war. Könnte man ihn nach dem befragen, der er gewesen ist, wäre er unfähig, von seiner Wandlung zu berichten. Jekyll weiß nichts von Mr. Hide, und umgekehrt. Er verstünde die Frage gar nicht, aufgegangen in seinem anderen Selbst, das er nun wäre. Der er war, wäre verschwunden, hinein in den, zu dem er wurde. Keine Anamnese brächte ihn wieder zutage. Nicht für ihn selbst, noch für Andere.

Darin steckt die unwiderlegbare Widerlegung der Idee der ›Evolution‹. Dass der Mensch nichts davon aus eigener Innensicht zu sagen weiß, wie es ist, ein Affe gewesen zu sein, beweist, dass er sich aus ihm nicht ›entwickelt‹ haben kann. Dass Verhaltensforscher und Biochemiker verblüffende Ähnlichkeiten zwischen beiden Lebewesen feststellen, beweist dagegen nichts. Menschen, die einander bis zur Ununterscheidbarkeit ähneln, sind miteinander genetisch fast nie verwandt. Nur eineiige Zwillinge sind von dieser Regel der Unregelmäßigkeit ausgenommen. Und auch sie nicht vollständig.

Es gibt den Umschlagspunkt, den Moment nicht, von dem an ein Wesen nicht mehr ist, was es war, und ein ganz anderes wurde. Keine Brücke führt hinüber, die als Erinnerung eines Geschehens noch einmal zurück überquert werden könnte. Was als Verwandlung erscheint, geschieht als Abbruch von Kontinuität. Nicht als Übergang von einem zum anderen. Dass etwas nicht mehr ist, was es war, heißt nicht, dass es aus dem wurde, was es davor war. Was als Übergang gedacht – oder gewünscht – wird, geschieht als Bruch. Biologisch als Mutation. Wozu etwas wird, ist in ihm nicht angelegt. Was anders wird, verlässt sich. Jede Seinsform ist in sich geschlossen. Nur aus den Trümmern eines zerfallenen Seinsgefüges kann durch deren Neuorganisation ein anderes Sein entstehen. Anders werden, und derselbe bleiben, diese Hoffnung aller Selbstverwirklichungssehnsüchte, ist der Widersinn des Seins.

Deshalb ist Erinnerung seiner selbst als stabiler Fokus ihrer Gehalte das Merkmal persönlicher Identität. Über sie verfügt, wer weiß, dass er es war, dem geschah, woran er sich erinnert. Wer das Erinnerungsvermögen verliert, büßt sich ein. ›Ich‹ ist der Kern aller möglichen Erinnerungen, die einer haben kann. Die Demenz durchtrennt das Band zwischen dem Ich und seinen Erinnerungen. Die Erzählung von Begebenheiten aus dem eigenen Leben an guten Tagen, an denen das Verdämmern für kurze Momente innehält, begleitet kein Wissen mehr, dass ›ich‹ es war, der sie erlebte. Sie ist keine Erinnerung mehr. Aus ihr spricht ein Gedächtnis, das seine Beziehung zum ›Selbst‹ verlor.

Im gehegten Wunsch, ein anderer zu sein, steckt als dessen Kehrseite der, nicht zu sein. Wer sich ganz anders wünscht, um ganz er selbst zu sein, will eigentlich gar nicht sein, weil er die Leere spürt, die hinter der Selbstverständlichkeit klafft, mit der jeder sich als ›Ich‹ weiß, aber dessen Bestimmung nicht kennt. Schärfer noch: der Wunsch nach Anderssein ist das Symptom der Unbestimmbarkeit des ›Selbst‹ als ›Ich‹-Erfüllung.

Wir wissen, zu sein, und dass *wir* es sind, wenn wir uns empfinden. Aber die intuitive Selbstgewissheit, mit der wir wissen, dass wir es sind, ist nicht mit Selbstbestimmtheit durch Selbstbestimmung zu verwechseln. So sehr wir ›uns‹ wissen, so wenig, was das ›Ich‹ ist, dessen wir uns damit gewiss sind.

Ich stehe außerhalb meiner Empfindungen. Ich kann nicht verstehen wieso. Ich kann nicht einmal verstehen, wer *sie empfindet. Und überhaupt, wer ist dieses* Ich *am Anfang der drei Sätze?* (Emil Michel Cioran, »Das verfluchte Ich«, 7). Ciorans Selbstverachtung ist die Kehrseite der Unerkennbarkeit dessen, was dem Egomanen das Wichtigste ist.

Der Wunsch, ein anderer zu sein, ist das untrüglichste Zeichen von Selbstlosigkeit. Dabei ist es gar nicht erforderlich, ein anderer zu werden, um man selbst sein zu können, da man immer schon mehr als nur einer ist. Aber wer weiß schon von sich, wie viele Elemente seiner selbst noch in ihm stecken mögen?

Alles, was du bist, wirst du einst sein. Mit dieser vorletzten seiner *Notizen* hat Ludwig Hohl eine Hoffnung, keine gesicherte Erwartung ausgesprochen. Dafür, dass man alles, was man sein kann, oder auch nur etwas davon, auch werden könne, gibt es keine Garantie. Am wenigsten die des eifrigen Bemühens darum. Was man aber werden wird, wird man, so sehr es sich in der Wahrnehmung Anderer, selbst der eigenen, auch ausnehmen mag, als hätte es einen zu einem anderen gemacht, als derselbe.

Niemand hat die ›Selbst‹-Leere als Grund des Wunsches nach Anderssein so intensiv bezeugt wie Fernando Pessoa, der Erfinder der zahlreichsten Alter Egos und Pseudonyme, hinter denen sich eine Person je verbarg. *Ich bin der Schatten meiner selbst auf der Suche nach dem, dessen Schatten er ist* (Pessoa, *Ich Ich Ich*, 66).

Aber die Vervielfältigung seiner Heteronyme war kein bloßes literarisches Versteckspiel. *Ich weiß nicht, wer ich bin, welche Seele ich habe. Spreche ich in aller Aufrichtigkeit, weiß ich nicht, mit welcher Aufrichtigkeit. Ich bin auf vielfältige Weise anders als ein Ich, von dem ich nicht weiß, ob es existiert* (a.a.O., 100).

»Wer war Fernando Pessoa?« Die Frage, die Antonio Tabucci umtrieb, ist unbeantwortbar. Er war nichts und niemand, außer den Stimmen, mit denen nicht er sprach, sondern die er sprechen ließ. Die Pseudonyme, die Pessoa sich als Autor gab, waren keine Masken, aus denen er sprach. Er erfand unter deren Namen Autoren, die nichts miteinander verband außer, von derselben Person erfunden zu sein, die für sich selbst nahezu unwirklich war. *Wie ein Pantheist sich als Welle, Gestirn und Blume fühlt, fühle ich mich als mehrere Wesen. Ich fühle mich fremde Leben leben, in mir, unvollständig, als habe mein Sein an allen Menschen teil, an jedem unvollständig, und als füge sich aus einer Summe von Nicht-Ichs ein künstliches Ich zu einem Einzelwesen zusammen* (Pessoa, a.a.O.).

Dessen eigene Selbst-Losigkeit bezeugt den Namen als einzige sichere Bestimmung einer Identität. Indem er das, was er schrieb, nicht als er selbst, sondern als eine seiner ausgedachten Autor-Figuren, denen er Lebensläufe und imaginäre Identitäten gab, schrieb, legte Pessoa seine eigene Nichtidentität offen, sein empirisches Ich hinter den Ichs der erfundenen Autoren, als die er schrieb, verbergend. Autor war er nicht als er selbst, sondern als Erfinder von Autoren. Da er sich selbst als niemand empfand, verteilte er, was er zu sagen hatte, auf inexistente Personen, die er mit einer identifizierbaren Individualität ausstattete, die er an sich selbst vermisste. Er sprach nicht sich durch sie hindurch, sondern aus, was die, die er erfand, zu sagen hätten, gäbe es sie, wie er sie sich vorstellte. Pessoa versteckte sich nicht hinter seinen Heteronymen; er wurde durch sie zu jemandem: zum Erfinder dessen, was er nicht sein konnte. Er trieb die existentielle Geste des Verschwindens der Person im Werk auf die Spitze, indem er kein eigenes, sondern eine Vielzahl von Werken von Personen schuf, die es nicht gab, außer in seiner Vorstellung, und in deren Werken, die er an deren statt schuf.

Es ist etwas anderes, ein Anderer, oder anders werden zu wollen. Man kann nur wünschen, zu sein, der man ist. Umgekehrt: Verwirklichtes Anderssein bedeutete Nichtsein dessen, der es erstrebt. Man will ein Anderer sein, weil man spürt, niemand zu sein, oder der, der man ist, zu wenig. Der Andere ist der Stellvertreter dessen, der man nicht ist. Der Wunsch, ein Anderer zu werden, ist tatsächlich der, überhaupt jemand zu sein. Im sicheren Empfinden der Unmöglichkeit seiner Erfüllung.

In ihrer frühen Erzählung »Das Double« hat Susan Sontag gezeigt, dass der Andere, der zu werden man wünscht, nichts wäre als die Verdoppelung dessen, der man ist. Statt ein Anderer zu werden, verschwindet man. Zum anderen geworden, gäbe es einen nicht mehr. Bliebe man dabei man selbst, wäre man kein Anderer, sondern nur dessen Vorstellung oder Vortäuschung. Man bleibt, der man ist, gerade in der Verdoppelung eines Stellvertreters, der die fortgesetzte eigene Existenz vortäuschte, während man selbst als ein Anderer lebte. Im Schutz seines ›Doubles‹ begreift dessen Schöpfer, dass es ihn nicht zu all den anderen möglichen Leben, nach denen er sich sehnte, befreit, sondern in die Leere des Nichtseins verstößt. *Ich fand heraus, daß ich es satt hatte, eine Person zu sein. Ich hatte nicht nur die Person satt, die ich war, sondern grundsätzlich jede Person* (Sontag, »Double«, 95). Das Selbst lehnt im Wunsch, ein Anderer zu sein, das Ich ab, das es ist. Nur dieses aber kann es sein. Anders-Sein erweist sich als Chiffre des Nicht-Seins.

Ein Anderer würde man nur als Doppelgänger seiner selbst. Nicht, indem man sich einen Doppelgänger herstellt. José Saramago hat in seinem Roman *Der Doppelgänger* mit beklemmender Folgerichtigkeit gezeigt, dass jedes Doppelgängertum im Versuch gegenseitiger Vernichtung endet. Es ist mehr als nur Selbstunzufriedenheit, was den Wunsch weckt, ein Anderer zu sein: sichere Ahnung der Selbstentbehrung. Ich bin. Aber was und wie ich bin, ist nichts, womit ich als meinem ›Ich‹ zufrieden sein könnte. Ein Anderer sein zu wollen, offenbart, niemand zu sein. Jedenfalls nicht der, für den man sich ›eigentlich‹ hält.

Aber wer ist schon jemand, statt ein jedermann? *Bei vielen Menschen ist es bereits eine Unverschämtheit, wenn sie Ich sagen* (Adorno, *Minima Moralia*, Erster Teil, Stück 29: »Zwergobst«, 80). Nicht jedes Ich, das spricht, wird von einem Selbst regiert, das sich ausspricht. Bevor wir ein Ich werden können, das ein Selbst verwirklicht, sind wir nichts als das, was wir durch Herkunft und Lebensumstände sein müssen. Identität besitzen wir als das, was Schopenhauer mit bitterem Sarkasmus *Fabrikware der Natur* nannte. Der Wunsch nach Andersheit ist kein Zeichen von Identitätssehnsucht. Denn Identität wird durch Andere gestiftet. Man ist nicht mit sich, sondern für andere ein identischer ›Jemand‹. Identität ist eine soziale Kategorie, bevor sie eine individuelle werden kann.

Zu dem, was wir in Selbsteinverständnis zu sein wünschen können, werden wir nur durch die beschwerliche Arbeit an einer *Zweiten Identität*. Nur selbstlos ist man identisch. Wer ganz er selbst zu sein beansprucht, muss sich bemühen, möglichst wenig identisch zu sein.

Ein ›Selbst‹, das das Subjekt des Wunsches nach Anderssein zu sein scheint, hat man nicht. Man erhält es durch die Erfahrung der Differenz zwischen dem, als was ich ›mich‹ empfinde, und dem, als was ich gelte. Nur in der Missachtung meines Selbst weiß ich von ihm. Ein Selbst gibt es nur in der Differenzerfahrung, die die Selbstverständlichkeit aufbricht, mit der man ›Ich‹ ist. Mit ›sich‹ identisch ist man dermaßen, wie man erfährt, es nicht zu sein. Wer ich bin, erfahre ich nur in der Nichtanerkennung dessen, was ich für mich bin, indem ich von den Anderen behandelt werde, als wäre ich ein anderer. Der Wunsch, ein Anderer zu sein, geht ins Leere, weil die Anderen ihn schon immer erfüllt haben. Das Selbst bildet sich in der sozialen Nötigung, ›sich‹ zu beweisen: als ein Anderer als der, als den ich mich weiß, behandelt, bin ich gezwungen, zu zeigen, wer ich bin. Dadurch aber werde ich es erst.

In Gesellschaft gibt es kein ›Wer‹; nur ›Was‹. Identität der Person ist in ihr die eindeutige Zuordnung einer Funktion im arbeitsteiligen Getriebe der Daseinsführung. Man ›ist‹, was man tut, um mitzuleben. Man ›selbst‹ kommt darin nur als ein Freizeit-Luxus vor.

Gesellschaftlich eine individuelle Fiktion, wird das Selbst der Person zum Kern der Disziplinen des Fiktiven. Von nichts handeln die Künste im Zeitalter des ›Systems der Bedürfnisse‹ so sehr, wie von den Qualen, ein ›Subjekt‹ zu sein. *Da wir immer noch nicht genau wissen, was nun eigentlich dieses »Ich« welches im ich und Du in seinen verschiedenen Emanationen zum Ausdruck kommt, eigentlich ist, muß alles getan werden, um das »Ich« immer gründlicher und tiefer zu erkennen* (Max Beckmann, »Meine Malerei«, 53).

Mit dem ›Ich‹ als grammatikalischem Zentrum der Sprache ist die Literatur dazu geradezu vorbestimmt. *Sich selbst auf den Grund gehen und der Sprache auf den Grund gehen läuft auf dasselbe hinaus. Ab einer gewissen Tiefe sind Geist und Sprache derart miteinander verflochten, dass es unmöglich ist, die Fäden des Geistes zu entwirren, ohne die Irrgänge der Sprache zu erkunden. Früher oder später treibt die Sprache einen in die Enge und man steht an der Wand und sieht keinen anderen Ausgang als den die Worte einem bieten, keinen anderen Boden als das Pflaster, das sie einem unter die Füße schieben* (Anne Weber, *Erste Person*, 17).

In ihrem Stück literarischer Nachdenklichkeit hat Anne Weber demonstriert, dass jeder Versuch, sich seines ›Ichs‹ zu vergewissern, zu einer Übung in Selbstbefremdung werden muss: *Dieses Buch ist die Autobiographie eines Unbekannten, dessen unfreiwillige Wirtin ich bin* (a.a.O., 101).

Dem Roman als Gattung der Erkundung fiktionaler Subjekte kontrastiert das literarische Tagebuch als Gattung individueller Selbstvergewisserung. Sich schreibend sich selbst auf die Spur zu kommen suchend, wird der Tagebuchschreiber immer mehr in sich entdecken, als im Einklang mit dem Ich steht, als das er schreibt. Genau darauf machte Witold Gombrowicz sich gefasst, als er 1953 die erste Eintragung in sein *Tagebuch* schrieb: *MONTAG Ich. DIENSTAG Ich. MITTWOCH Ich. DONNERSTAG Ich.*

Hinter der vordergründigen Egomanie des Exzentrikers steht das Bewusstsein, nicht nur mehr als nur einer, sondern geradezu die Durchdringung Verschiedener immer schon zu sein. So sehr, dass es überflüssig ist, zu wünschen, ein Anderer zu sein: man ist es immer schon. Am schnellsten kommt, wer nach sich sucht, seinem Selbst auf die Schliche, wer bereit ist, dabei nicht nur auf eine einzige, identitätssetzende Bestimmung zu treffen.

Wer Eines ist, ist immer bereits mehr als Eines. Das muss nicht die Gestalt einer Einheit von Widersprüchen annehmen. Nicht jeder, in dem mehr als einer steckt, ist ein Jekyll und Hide in einer Person. Aber jede Einheit der Person enthält Fertigkeiten, die für mehr als eine reichen. Ein Leben reicht nicht hin, um auszuleben, was einer aus sich zu machen wünschen und befähigt sein mag. Wir können mehr, als wir zu machen Gelegenheiten haben. Wir sind mehr, als wir unter den Zwängen kollektiver Daseinssicherung leben können.

Das andere, was man auch ist, sein könnte, oder sein zu können sich wünscht, ist oder wäre man jedoch immer als *derselbe*. Oder man wäre es nicht. Ein Anderer ist man nur als Facette seiner selbst. Als Verwirklichung einer der Daseinsmöglichkeiten, die in einem angelegt sind. Davon ruhen in jedem einige. Oft, wenn nicht meistens, unter den Diktaten der Existenzbedingungen unbemerkt oder verdrängt. Nur Proteus, der Gott, der sich jederzeit in alles verwandeln kann, was er will, kann ein Anderer werden. Einem Menschen bleibt nur, auf verschiedene Weisen zu sein, was er ist.

Nichts ist gefährlicher, als die Verwirklichung von Wünschen. Ein Anderer tatsächlich zu werden, und doch derselbe zu bleiben, die wirkliche Erfüllung des Wunsches, anders zu sein, ist das reale Verhängnis der Schizophrenie als Pathologie der Selbstfremdheit. Sie ist der äußerste Grad an Selbstlosigkeit, mit der eine Seele geschlagen werden kann. Pessoa, der sich für niemand hielt, hatte sein Leben lang Angst, verrückt zu werden.

Was in der Absetzbewegung von der Psychiatrie der Geisteskrankheit als ›multiple Persönlichkeit‹ entdeckt und gefeiert wurde, ist von der Pathologie, zu deren Überwindung ihre Theorie entstand, so sehr geprägt geblieben, dass ihre Verbreitung im Zuge populärer Aktivismen der ›Selbstverwirklichung‹ im Modell der Doppelung stecken blieb. Aber der ›Schizo‹ ist nicht mehr als nur einer; er ist ein Anderer anstelle seiner selbst. Befangen in der Identität, die er für Andere zu sein hat, in der er nicht bei sich ist, ist er nichts für sich. Und bildet einen Anderen in sich aus, der die Leerstelle eines entbehrten Selbst besetzt. Aber nicht ›er‹ sorgt dafür, sondern ›etwas‹, das mit ihm als Auslöschung seines Selbst oder Füllung dessen Leerstelle geschieht.

Der ›Andere‹, der – laut Arthur Rimbauds berühmter Briefaussage – ›ich bin‹, ist der unbekannte Zeuge meiner Selbstfremdheit. Wenn ich ein Anderer bin, kann ich mich nicht kennen, außer, ich lernte ihn kennen; ihn nicht zu kennen, aber, ist Voraussetzung dafür, in ihm den zu finden, der ich für mich nicht bin, wenn ich mich in ihm wiedererkenne. Das heißt: das Ich, das ein Anderer ist, ist kein Ich. Sondern die leere Hülle des Wunsches, ein Selbst zu sein: ein Nichts. *In der Frage »wer wir sind« liegt und steht die Frage, ob wir sind. Beide Fragen sind unzertrennlich, und diese Unzertrennlichkeit ist nur wieder die Anzeige des verborgenen Wesens des Menschseins* (Martin Heidegger, *Beiträge*, 51).

Nur, wer nicht wirklich erfährt, wer er ist, kann wirklich sein, dessen er sich als seines ›Ichs‹ sicher zu sein glaubt. Der anthropologische Rigorismus, genau und erschöpfend das ›Wesen‹ des Menschen bestimmbar zu machen, kehrt in seiner praktischen Anwendung als Anthropolitik, die es unternimmt, alle Existenzen, die ihrem ›Menschenbild‹ nicht entsprechen, zu vernichten, die äußerste Folgerichtigkeit der Logik der einen Identität hervor. Auf der Eindeutigkeit von Seinsidentitäten zu bestehen, verlangt in letzter Konsequenz unter dem reinen Zwang der Logik, dem zufolge nichts zu gleicher Zeit auch etwas anderes sein kann, danach, alle, die dieses Maß nicht erfüllen, aus dem Sein zu entfernen. Die äußerste Konsequenz jeder ›Identitätspolitik‹ ist Vernichtung der Anderen.

Die Gesetze der Logik entsprechen einer elementaren anthropologischen Disposition. *Es muß wohl neben dem im Menschen, was leben will, etwas anderes sein, das will nicht leben; und die beiden sind Nachbarn* (Rudolf Borchardt, »Der unwürdige Liebhaber«, 122). Mehr: Verwandte. Nur, wer auch fähig ist, sich zu wünschen, nicht zu sein, befähigt sich zu seinem Leben. Nur in der Gewissheit, dass es enden muss, kann ein Leben sich als gut oder schlecht, erfüllt oder verfehlt erfahren. Nur im Bewusstsein, einmal wieder nicht sein zu müssen, kann der Wunsch nach Selbstbestimmung durch Selbsterkenntnis, die Gewissheit eines ›Ichs‹, sich erfüllen.

Die einzige sichere Erfüllung, die es für den Wunsch gibt, ein Anderer zu sein, die jedem bevorsteht, ist die unausweichliche Verwandlung dessen, der ›ich‹ bin, in den, der gewesen ist. Der Tod, der gleich macht, lässt einen identisch werden. Er ist das Geheimnis des verführerischsten aller Wünsche. Erst der, der nicht mehr ist, wird in der Erinnerung Anderer an ihn zu einem Anderen, ganz und endgültig. So sehr, dass beide miteinander nichts, oder nur noch sehr wenig verbindet. *Als er gestorben war, las ich alle verfügbaren Nachrufe und dachte: Sie meinen einen anderen Menschen. Karl Otto Hondrich, den ich kannte, ist ein anderer Mensch* (Navid Kermani, *Über den Zufall*, 147). Wenn nach Jean Paul die eigenen Erinnerungen das Paradies sind, aus dem man nicht vertrieben werden kann, dann ist das Vergessenwerden in den Erinnerungen der Anderen die Hölle, die jeden erwartet, dessen Leben endet. Wird er erinnert, erlangt er posthum eine Identität des Gewesenseins, die sein Dasein zum Bild dessen prägt, der er war, ohne abzubilden, wer er war.

Hartmut Lange, der bedeutendste deutsche Novellist unserer Zeit, hat darauf die Poetik seiner Erzählkunst gegründet. *Für mich ist die Grenzerfahrung der Vergänglichkeit entscheidend als Grund für innere Metamorphosen und neue Werke der Kunst. In der Regel verstellt sich das Subjekt dieser Einsicht. Es kommt in der Abgelenktheit seiner Wirklichkeitsumgebung nicht auf die Idee, dass es selbst vergänglich ist. Aber irgendwann erlebt man sein eigenes Subjekt; und dann zeigt es sich, wie viel Material und Kraft zur Sublimation man in sich hat oder nicht* (Lange, *Über das Poetische*, 158 f.).

Kunst kann es geben, weil es uns nicht geben muss. Sie besteht, weil wir vergehen.

Glücksvereitelung

Glücklich sein heißt, ohne Schrecken seiner selbst innewerden können.
Walter Benjamin, *Einbahnstraße*

Zum Glück gibt es Unglück. Sonst würde nie erfahren, was es ist. Wie unbemerkt bleibt, gesund zu sein, erst die Krankheit Gesundheit bewusst werden lässt, so bedarf das Glück des Unglücks, um erfahren werden zu können. *Man muß oft erst nachdenken, worüber man sich freut; aber man weiß immer, worüber man traurig ist* (Karl Kraus, *Beim Wort genommen*, 177). Und immer scheinen Andere glücklicher zu sein als man selbst.

Beide sind Zustände einer momentanen Verfassung der Person. Sie versetzen in die Einsamkeit, in der man sich selbst am intensivsten wahrnimmt. Im Fall des einen eine erwünschte, in dem des anderen eine gefürchtete. Glück mag man wenigstens mitteilen wollen, wenn schon nicht teilen können; Unglück macht doppelt teilnahmslos, den, dem es widerfährt, an allen und allem anderen; dessen Zeugen an ihm.

Beide machen als Modi der Erfahrung den, dem sie begegnen, zum Individuum. Kollektive Erfahrungen gibt es nicht, nur Erfahrungen *in* einem Kollektiv. Vom Krieg als einer Erfahrung zu sprechen, die ein Volk mache, bündelt die Erfahrungen, die alle, die ihm ausgesetzt sind, für sich machen, in eine Metapher der Gemeinsamkeit desselben, das aus so vielen Erlebnissen besteht, wie es daran Beteiligte gibt.

Nicht einmal in der intimsten Gemeinschaft einer erfüllten Liebesbeziehung ist Glück teilbar. Glücklich zu sein, ist ein Zustand des Individuums, der so wenig teilbar ist, wie das ›Individuum‹ als das ›Ungeteilte‹. Das erotische Ideal des gleichzeitigen Orgasmus' wird von beiden Partnern nur zur selben Zeit, von jedem aber für sich erlebt. Doch spüren beide im Moment des Ereignens, dass es auch dem Anderen geschieht. Im selben Moment dieselbe Erfahrung zu machen, und in eben diesem Moment zu spüren, dass genau dies stattfindet, ist die maximale Teilbarkeit eines Glückserlebnisses. Non plus ultra. Nichts darüber hinaus.

Glück existiert nur als individuelle Erfahrung. Jede Person hat ihren Modus, sie zu machen. Oder ihr Ausbleiben zu erleben. Das Glück, das man hat, ist das Glück, das man erfahren kann, weil man ist, der man ist. Trotz dieser extremen Personalisierung kann ihr Glück keine Leistung der Person sein. Sie ist nicht dessen redensartlicher ›Schmied‹. Aber sie kann, ihre Glückserfahrung als Selbsterfahrung verstehend, Bedingungen schaffen, unter denen es auftreten kann. Wie Glück in seiner inhaltsneutralen Reinform das ausbleibende Unglück ist, so besteht diese Bereitung seiner individuellen Möglichkeit in einer Lebensführung, die von sich fernzuhalten weiß, was der eigenen Person widerspricht. Ihr zeitloses Maß stiftete die Ethik Epikurs: Genieße alles, was dir Genuss bereitet, ohne Übertreibung und ohne Reue; meide alles, was dir schadet, und bekämpfe das Übel, das dir zustößt.

Dieser Maxime der ältesten ›Lebenskunst‹ zu folgen, wird desto schwieriger, je stärker die Spielräume individueller Lebensführung abnehmen. Da es Glück nur als Glück des Einzelnen gibt, wird es immer weniger Glück geben können, je mühsamer es wird, ein Einzelner zu ›sein‹. Selbstsein und Glückserfahrung bedingen einander. Wer sich nie glücklich erlebte, bliebe selbstlos; wer selbstlos ist, spürt sein Glück nicht. Kern jedes Glücksempfindens ist das Erlebnis, in diesem Augenblick tatsächlich man selbst zu sein. Ganz ›bei sich zu sein‹, ist nicht nur eines der intensivsten Glücksgefühle; dieses ist die Erfahrung der Bestätigung, ein ›Selbst‹ zu haben. Ohne das Moment der Selbstübereinstimmung wäre kein Glücksempfinden möglich.

Übereinstimmung mit sich selbst ist die Bestimmung, die der ›Satz der Identität‹ trifft. Sie ist die Antwort auf die Frage, die der Zweifel an dessen Geltung stellen lässt: *identisch womit?* (Klaus Heinrich, *tertium datur*, 36). Ein Glücksgefühl zeigt mit absoluter Gewissheit an, dass die Möglichkeit des Selbstseins wenigstens für dessen Dauer verwirklicht ist: sein zu können, der man ist. In diesem Moment ist man es wirklich. In ihm ist es nicht nur gut, zu sein; auch die Welt, in der man lebt, ist es, weil sie es zulässt. Ich bin glücklich, und kann es nur sein, weil ich bin, was ich bin. Insofern ist Glück ein Ereignis von Identität.

So sehr Selbstsein ein Glück ist, so wenig ist dieses ein Weg zu jenem. Nicht jedes Selbst ist angenehm, gar Daseinserfüllung, wenn es gelebt werden kann. Für den Pechvogel, den von Geburt an Behinderten, den Unbegabten und den chronisch Kranken muss ihr Selbst als das, was sie sein müssen und nur sein können, geradezu Selbstverhinderung sein. Da man nie genau weiß, was zu tun ist, da man sich seiner selbst nie ganz gewiss ist, kann die Selbstgewissheit der Identität kein Garant für Lebensglück sein.

Umso weniger, als der Identität der Selbstübereinstimmung die Identität der Geprägtheit entgegensteht. Was die eine an Glück gewährt, behindert die andere. Die eigene Zweiwertigkeit von Identität verringert ihre Kraft der Glücksstiftung, die man sich von ihr als persönlicher Bestimmung erwartet, und sich von ihren Theoretikern gerne versprechen lässt, in dem Maß, in dem die Möglichkeiten, sich den Prägungen, die dem Selbstsein widersprechen, zu entziehen, beschränkt sind. Dann wird Identität zum Feind des Selbst.

Das ruft Narziss auf den Plan: das selbstlose Selbst, das sich mit Fichteschem Handstreich ›setzt‹, ohne vorhanden zu sein: Autosimulation einer versagten Identität. Überhöht zur Überzeugung nicht nur der Einmaligkeit, sondern des Ausgezeichnetseins vor allen Anderen, folgt der Narzisst seinem fraglosen Selbsteinverständnis. In der Einsamkeit eines Phantoms lebt er als Verkörperung von etwas, das es nicht gibt. Manipulativ, herrschsüchtig und gewaltbereit, da nichts und niemand ihm spiegelt, was er für seine Wirklichkeit hält. Außer, er ist ein Machthaber, der die Unterwürfigkeit seiner Handlanger mit Bestätigung verwechselt.

Zum Massenphänomen geworden, ist der Narzissmus ein letztes Aufbäumen des absterbenden Individuums. Der Glücksanspruch wird umso fordernder, als die Möglichkeit schwindet, ein ›Ich‹ zu sein, das sich als ein ›Selbst‹ manifestiert, statt sich nur für eines zu halten. In der totalen Gesellschaft einer totalitären Ökonomie gibt es keine selbstbestimmte Existenz mehr. Das Ich, das als Selbst auftritt, verlässt die Ordnung des Existierens. Deren Zwänge verzehren die Kräfte des Selbstseins, die Selbsterhaltung ruiniert die Selbstbehauptung. Künstlertum wird zu einem letzten geduldeten Asyl der Selbstbestimmung eines Ichs, das nur noch als Funktion der Gesellschaft lebensfähig ist. Vorausgesetzt, dessen Hervorbringungen tragen zur allgemeinen Kapitalverwertung bei. Das arbeitsame Existieren ermöglicht das Leben nicht mehr; dieses wird von jenem verbraucht.

Das macht es – neben dem größten, von Unglück verschont zu bleiben –, zu einem großen Glück, noch ein Einzelner sein zu können. Der Status des Individuums wurde zu einem gesellschaftlichen Luxus, der für die meisten so unerreichbar ist, wie die Utopie für alle, der alle, die ihn erreichen, unter den Verdacht der Asozialität stellt. Das skandinavische Ideal des ›Volksheims‹ wurde mit dessen allgegenwärtigem Repräsentanten IKEA zum Modell des glücklichen Kollektivs: jeder ein ›Du‹, und alle wie alle. Und alles für Alle auf die gleiche Weise verbindlich.

Den äußersten Fluchtpunkt einer glücksverheißenden kollektiven Identität hat Walter Jens in seiner negativen Utopie einer totalitären Weltordnung bezeichnet: die Ausmerzung jedes Einzelnen, der kein Ich wie alle Anderen, sondern ein Selbst sein will (vgl. unten: »Nein-Sagen«). Das Glück für alle gibt es nur als Ideal des Totalitären. Denn es ist nicht delegierbar. Niemand kann für einen Anderen glücklich sein, wie niemand anstelle eines Anderen sterben. *Der Mensch kann nicht sein Glück nicht wollen. Er will es als das, was für ihn kein anderer wollen kann. Dennoch ist keine Illusion in der religiösen und politischen Geschichte der Menschheit sorgfältiger kultiviert und häufiger erweckt worden als diese* (Blumenberg, *Phänomenologische Schriften*, 191). Und hat ihr Perioden des Terrors des Allgemeinen bereitet, exekutiert am Besonderen.

Glück kann kein objektiver Begriff sein. Wenn aber dies nicht, dann gibt es überhaupt keine Objektivität und Objektivierbarkeit menschlicher Bedürfnisse, es sei denn, diese würden auf die bloße Selbsterhaltung reduziert. Wer das tut, akzentuiert die Selbsterhaltung zum zentralen Vorgang des Lebens im Kampf ums Dasein und verhindert dessen Überlagerung durch die nicht rivalisierende Subjektivität der Glücksansprüche. Die Identität der Glücksansprüche aller wäre die vollkommene Katastrophe, weil sie die schlechthinnige Rivalität aller um dasselbe wäre. Ich erinnere an den Versuch, das Auto zum objektiven Glücksgut zu erheben. Auf der Subjektivität der Glücksvorstellungen beruht die Lebensfähigkeit des Menschen (Blumenberg, *Theorie die Unbegrifflichkeit*, 24 f.).

Wenn es Glück nur als das des Einzelnen gibt, und dessen Erfahrung das Bestätigungserlebnis seines Selbstseins ist, das darauf beruht, sich den Geprägtheiten wenigstens zu widersetzen, wenn schon nicht ganz zu entziehen, dann ist die Aussicht auf Freiheit so groß, wie das Element der Prägung in der Zweideutigkeit der Identität gering. Je weniger Identität, desto mehr Freiheit.

Im Zeitalter schwindender Freiheiten bei zunehmenden Identitätsverpflichtungen wird das Glück als Manifestation des Individuellen zur Ausnahme. Zum seltenen Moment leibhaftiger Erfahrung von Daseinssinn inmitten zunehmender allgemeiner Sinnlosigkeit.

Und Eichendorffs »Taugenichts«, das heitere Glückskind der Welt, das weder sie, noch sich selbst kennt, zum nostalgisch entrückten Modell eines immer unwahrscheinlicheren Daseins diesseits der Zwänge des Existierens.

Das mag für Pessimismus gehalten werden. Realismus erscheint als die angemessenere Bezeichnung. So widerstand selbst der Theoretiker unentrinnbar verfestigter ›Verblendungszusammenhänge‹ der Versuchung zur Resignation, die er in einem seiner letzten Texte von sich wies. In seinem »Offenen Brief an Max Horkheimer« schreibt Adorno 1963 zu dessen siebzigstem Geburtstag: *Oft ist bemerkt worden, daß der, bei dem Hoffnung gebrochen ist – und nur als gebrochene, als heimliche Kraftquelle des Gedankens, nicht unmittelbar vermag sie noch zu wirken –, ein nachdrückliches Verhältnis zum Glück gewinnt, dem nie Wiederkehrenden. Mich faszinierte an Dir, daß Du vom ersten Tag an die Vorstellung einer richtigen Gesamtverfassung der Menschheit verbandest mit Ehrfurcht vorm Glück eines jeden Einzelnen. […]. Ich habe von Dir gelernt, daß die Möglichkeit, das Andere zu wollen, nicht mit dem Verzicht aufs eigene Glück erkauft werden müsse* (158). Nur wenn Jeder sein kann, was er ist, und erstreben, was er sein will, können Alle dessen teilhaftig werden, was Menschsein ausmacht. Die Idee der Menschheit gewinnt in der authentischen Vielfalt der Menschen ihre Verwirklichung als unsteuerbares Zusammenspiel ihrer Verschiedenheiten.

In Horkheimers *Ichideal* entdeckt der Lebensfreund die Maxime möglichen Selbstseins, das das der Anderen nicht ausschließt: *als lebendiges Subjekt nicht von der Arbeitsteilung sich zerlegen zu lassen, nicht verkrüppelt zu werden durch die einseitige Entwicklung von Eigenschaften auf Kosten derer, die sonst mit ihnen nicht zusammengehen*. Das aber verlangt das *Gegenteil des identifizierenden, subsumierenden, alles sich gleichmachenden Denkens: statt dessen die Fähigkeit, sich dem anderen gleichzumachen, dem, was leidet* (a.a.O., 160). Wir sind nicht gleich; aber nur, wenn wir einander gegenseitig behandeln, als wären wir es, kann jeder in Freiheit sein, was er ist. Denn die *Menschen sind, ihrer Möglichkeit nach, mehr als sie sind. Dies Mehrsein ist nicht abstrakt. Immer wieder erscheint es sporadisch, auch in dem, was wir sind. Nicht gänzlich sind wir die Produkte jener Naturbeherrschung, die wir ersonnen, die wir der Welt und schließlich auch uns angetan haben* (a.a.O., 163).

Dieses ›Mehr‹ liegt jenseits der Identifikationen, und diesseits des Selbstseins. Dieses erstrebend, und jenen widerstehend, wird es möglich.

»Geist gewordener Zwang«

Die Gewalt der Logik und die Freiheit der Nichtidentität

Mit welchem Recht, so fragte er sich, sobald er sich bewusst wurde, einen Namen zu haben – und ein Name zu sein, mit welchem Recht hat man mir einen Namen gegeben? Ich fühle mich nicht danach, einen Namen zu haben. Hätte man mich wenigstens gefragt!

Paul Valéry, *Prinzipien aufgeklärter An-archie*

Die besten Verstecke in dieser Welt liefern uns die grammatischen Personen. Das gläserne Versteck des Ich bietet eine ideale Tarnung, die man leicht unterschätzt. Das Ich steht nicht umsonst an erster Stelle. Aufgeblasen und gewichtig kommt es daher, beschwert von unseren Geschwüren, unseren schmerzenden Füßen und unseren von Hornhaut umgebenen Seelen. Es befördert, was uns das Liebste ist. Das Ich erzeugt das Du und das Ihr, das Sie und das Er, so oft es ihm beliebt. Ohne die erste Person wären die anderen wie Vögel ohne Himmel.

Mit dem Einstieg in ihre Prosa-Meditation über die Tücken der Identität wiederholt Anne Weber (*Erste Person*, 7) die Bestimmung, mit der Johann Gottlieb Fichte den ›absoluten Idealismus‹ begründete. Mit einer ersten *Thathandlung* ›setzt‹ das ›Ich‹ sich in seinem Bewusstsein nicht nur selbst, sondern unterscheidet sich damit zugleich von allem anderen, was es nicht ist, als ›Nicht-Ich‹.

Die Selbstgewissheit, mit der das Selbstbewusstsein seine eigene Existenz im ursprünglichen Denkakt des ›Ich bin‹ erfährt, liegt jeder möglichen Operation des Bewusstseins zugrunde. Ohne sie wäre kein Urteil möglich. *Soll der Satz: A=A (oder bestimmter, dasjenige was in ihm schlechthin gesetzt ist =X) gewiss seyn, so muss auch der Satz: Ich bin gewiss seyn. Nun ist es Thatsache des empirischen Bewusstseyns, dass wir genöthigt sind, X für schlechthin gewiss zu halten; mithin auch den Satz: Ich bin – auf welchen X sich gründet. Es ist demnach Erklärungsgrund aller Thatsachen des empirischen Bewusstseyns, dass vor allem Setzen im Ich vorher das Ich selbst gesetzt sey* (*Grundlage der gesammten Wissenschaftslehre als Handschrift für seine Hörer*, 1794, 95).

Auf dieser Selbstsetzung des ›Ichs‹ beruht die Möglichkeit der Logik. Sie ist gleichbedeutend mit der Urstiftung des ›Satzes der Identität‹, der sie ermöglicht.

a. Durch den Satz A=A wird geurtheilt. Alles Urtheilen aber ist laut des empirischen Bewusstseyns ein Handeln des menschlichen Geistes; denn es hat alle Bedingungen der Handlung im empirischen Selbstbewusstseyn, welche zum Behuf der Reflexion, als bekannt und ausgemacht, vorausgesetzt werden müssen. b. Diesem Handeln nun liegt etwas auf nichts höheres gegründetes, nemlich X=Ich bin, zum Grunde. c. Demnach ist das schlechthin gesetzte, und auf sich selbst gegründete Grund eines gewissen [...] Handelns des menschlichen Geistes, mithin sein reiner Charakter; der reine Charakter der Thätigkeit an sich abgesehen von den besonderen empirischen Bedingungen derselben (a.a.O., 95 f.).

Die Selbstgewissheit des Bewusstseins, die mit dem Wirklich-Sein seines Trägers identisch ist, bedingt die Feststellbarkeit alles dessen, was außerhalb dieses Subjekts existiert, das im Bewusstsein als ›Nicht-Ich‹, als Unterscheidung vom ›Ich‹ wahrgenommen wird. Das *Nicht-Ich kann nur insofern gesetzt werden, inwiefern im Ich (in dem identischen Bewusstseyn) ein Ich gesetzt ist, dem es entgegengesetzt werden kann* (a.a.O., 106). *Das Ich setzt das Nicht-Ich als beschränkt durch das Ich* (a.a.O., 125).

Das aber heißt nicht weniger, als dass die Wirklichkeit, die es erkennt, vom Bewusstsein selbst gestiftet wird. Darauf wird Husserl die Idee seiner Phänomenologie gründen: die Gegenstände des Erkennens sind deren Erscheinung im Bewusstsein. Als ›Ich‹ erfindet der Mensch seine Wirklichkeit als ›die‹ Wirklichkeit. Und wo er sie in der Welt nicht vorfindet, richtet er diese nach ihr ein.

Insofern gesetzt wird: das Ich bestimmt sich selbst, wird dem Ich absolute Totalität der Realität zugeschrieben. Das Ich kann sich nur als Realität bestimmen, denn es ist gesetzt als Realität schlechthin, und es ist in ihm gar keine Negation gesetzt. Dennoch sollte es durch sich selbst bestimmt seyn: das kann nicht heissen, es hebt eine Realität in sich auf; denn dadurch würde es unmittelbar in Widerspruch mit sich selbst versetzt; sondern es muss heissen: das Ich bestimmt die Realität und vermittelst derselben sich selbst. Es setzt alle Realität als ein absolutes Quantum. Ausser dieser Realität gibt es gar keine. Diese Realität ist gesetzt ins Ich. Das Ich ist demnach bestimmt, insofern die Realität bestimmt ist (Fichte, a.a.O., 129. – vgl. Henrich, *Fichtes ursprüngliche Einsicht*).

Die Struktur seines Bewusstseins macht das Subjekt zum Zwingherrn seiner Wirklichkeit. Indem es alles nur so kennt, wie es sich ihm erschließt, kann es alles nur dem entsprechend behandeln. Konsequent mündet Fichtes Erkenntniskritik in Schellings Metaphysik der ›Identität‹ von Bewusstsein und Sein, gefolgt von Hegels Ontologie der Wirklichkeit als Entfaltung eines ›Weltgeistes‹ und Schopenhauers ›Welt als Vorstellung‹. Mit der ›Setzung‹ des Ichs, das als Bewusstsein sich selbst von allem unterscheidet, was es nicht selbst ist, wird das Subjekt der Erkenntnis zum Souverän der Wirklichkeit, die es als Gegenstand seiner Tätigkeit behandelt. Das ›Außen‹ wird zur Funktion des ›Innen‹.

Die Gewissheit des ›Ich bin Ich‹, die aus der Gewissheit des ›Ich bin‹ folgt, ist die Urform der logischen Identifikation als Bestimmung eines Bewusstseinsinhaltes als eines von allen anderen unterschiedenen. Der Sichselbstgleichheit des denkenden Ichs entspricht in der Logik die unbedingte Sichselbstgleichheit der Objekte ihrer Urteile.

Fichte selbst hat noch an der Differenz der Denkinhalte vom bewusstseinsexternen Sein des Gedachten festgehalten, auf die seine Nachfolger verzichteten. *Der Satz: A ist A ist gar nicht gleichgeltend dem: A ist, oder: es ist ein A. (Seyn, ohne Prädicat gesetzt, drückt etwas ganz anderes aus, als Seyn mit einem Prädicate). Man nehme an, A bedeute einen in zwei geraden Linien eingeschlossenen Raum, so bleibt jener Satz immer richtig; obgleich der Satz: A ist, offenbar falsch wäre. Sondern man setzt: wenn A sey, so sey A. Mithin ist davon, ob überhaupt A sey oder nicht, gar nicht die Frage. Es ist nicht die Frage vom Gehalte des Satzes, sondern bloss von seiner Form; nicht von dem, wovon man etwas weiss, sondern von dem, was man weiss, von irgendeinem Gegenstande, welcher es auch seyn möge* (a.a.O., 93).

Die Differenz zwischen Denken und Gedachtem, die kein Denken aufhebt, zu übergehen, führt in dessen Umsetzung in Handlungen, die in das materielle Sein des Gedachten verändernd eingreifen, zu jener Rücksichtslosigkeit gegenüber der Welt, deren Spitzenphänomen ihre Zurichtung durch die technologische Zivilisation ist.

Mag der Idealismus, der die Welt dem erkennenden Bewusstsein unterwirft, ideengeschichtlich noch sehr ›überwunden‹ worden sein, als Kern der neuzeitlichen Mentalität wirkt er in der zivilisatorischen Zuversicht, die Welt nach menschlichem Bedürfnis und Maß einzurichten, ungebrochen fort, während die neuere Selbstreflexion des Denkens zur Verabschiedung des Subjekts gelangte.

Wenn doch aber die Grundlage von Allem Schlamm, Schwärze und kein Bild wäre und nur der Mensch sein Lichtlein hält, in dem alles licht erscheint und doch ein Irrlicht ist … da müssen sich die Denker heute doch fragen: wo bist du nur geblieben, teures Subjekt der Weltgeschichte, heiliges Ich? Und: hat nicht das zurückliegende Jahrhundert gerade erst damit begonnen, die Gesetze der Sprache, des Geistes, der Sprache der Gene und des Unbewußten zu entdecken und sie als Systeme von Regeln zu beschreiben, die unabhängig vom denkenden Sub-

jekt und seinen wechselnden Orten, die universell und eigensinnig wie Naturgesetze sind? (Botho Strauss, *Rumor*, 144 f.).

Als geistige Bewährung seiner Souveränität führt die Selbstreflexion des Bewusstseins zum Verlust des Selbst, auf das es seine Welttüchtigkeit gründete. Je mehr wir wissen, desto ungewisser wird das Vermögen, unser Wissen zu erwerben. In der Erkenntnis der Begrenztheit des ›Geistes‹ verflüchtigt sich die Auszeichnung des Menschen in die Auflösung seiner Selbstgewissheit. *So kommt es, daß selbst dem Philosophen das menschliche Subjekt vom erhabensten zum langweiligsten Gegenstand seiner Betrachtungen geworden ist. Der Mensch? sagt er, Schwamm drüber. Das Menschenkind, die ewige Nummer Eins der Weltgeschichte? Schwamm drüber. Dies Wesen beginnt nun endlich, das Spiel der Regeln zu durchschauen, dem es sein Erscheinen in der Geschichte verdankt.* Was wir sind, ist vor alldem, was wir zu sein wollen können, Wirkung des Unverfügbaren.

Mehr noch: Das Verschwinden des Subjekts lässt das Verschwinden des Menschen selbst, mit dem es sich verwechselte, aus der Welt als wahrscheinlich befürchten. *Inzwischen weiß es immerhin so viel, daß dieses selbe Spiel der Regeln es auch wieder aus der Geschichte heraustragen wird. Wenn wir nicht mehr sind, weht noch lang der Wind. Und die Codes gehen ihren unermeßlichen Gang. Wir aber versanden, wir werden zugeweht wie ein Scheißhaufen am Strand* (a.a.O., 145).

Die Drastik des Ausdrucks entspricht der des Befundes. Was sich wie metaphysische Verstiegenheit eines philosophisch dilettierenden Literaten liest, ist die literarische Resonanz der Erschütterung der selbstverständlichsten aller Selbstverständlichkeiten, das Sein der Menschheit sei so ewig wie der Bestand der Welt, die sie entstehen ließ, die mit der Entdeckung der Entropie im 19. Jahrhundert begann, und ihren vorläufigen Höhepunkt mit der Entwicklung nuklearer Massenvernichtungswaffen fand, die die Möglichkeit der Selbstauslöschung der Menschheit zu einer realistischen Option ihrer Geschichte zu machen schien, die mit der folgenlosen Entdeckung der Umweltzerstörung und des Verbrauchs der daseinsermöglichenden Weltressourcen stetig an Wahrscheinlichkeit zunahm, um mit den ersten Katastrophen der Klimakrise zur unmittelbar erfahrbaren Bedrohung zu werden.

So sehr das Denken von den Problemen seiner Zeit geprägt ist, vor die sie es stellt, so wenig liegen mögliche Lösungen allein im zeitgenössischen Denken. Dieses ist nicht jederzeit, und nie per se, auch zeitgemäß. Auf der Suche nach Lösungen ist es auf vergangenes Denken dermaßen angewiesen, wie seine Probleme, die seine Gegenwart akut werden lässt, aus der Vergangenheit stammen.

Mehr noch als die Idee des Fortschritts haben dessen tatsächliche Leistungen in der Verringerung menschheitsalter Daseinsbelastungen diesen Zusammenhang aus dem Bewusstsein verdrängt, und auch der Geistesgeschichte die Überzeugung eingeprägt, das Spätere sei das Bessere. Der Lauf der historischen Zeiten zehrt jede Leistung auf. Umso schneller, desto stärker sie ihrer eigenen Zeit verhaftet war. Auch bedeutende Werke sind davon nicht ausgenommen. Als Reaktion auf die Erfahrung der Totalitarismen des 20. Jahrhunderts unverkennbar zeitgeschichtlich motiviert, hat deren beschleunigte Entrückung in immer entferntere Vorzeit die transhistorische Bedeutung verdrängt, die Adornos Kritik des Identitätsdenkens auszeichnet, die er mit der Summe seines philosophischen Einsatzes unternahm. Macht es einen Klassiker aus, Antworten noch auf die Fragen einer späteren Zeit zu geben, wenn die Antworten seiner eigenen längst vergessen sind, dann besitzt die *Negative Dialektik* klassischen Rang.

Als eine ihrer Wegmarken der Geistesgeschichte eingeordnet, gehört es zum Schicksal des Klassikers, ungelesen zu bleiben. So bezeugte Gadamer Adornos klassischen Rang wider Willen, als er seine Absicht, endlich die *Negative Dialektik* doch noch zu lesen, und die Aversion gegen den schärfsten Gegner Heideggers beiseite zu lassen, nach Adornos Tod fallenließ. Als wäre mit dem Autor auch dessen Werk vergangen. Womit er in Widerspruch zum Grundsatz seiner Hermeneutik geriet, nach dem nichts nur aus sich selbst, sondern alles aus der Verflochtenheit mit dem, was ihm voranging, verstanden wird.

Dem Zeitgenossen einer Wiederkehr autoritärer Verführungen, die sich mit einer neuen Sehnsucht nach Identität verflechten, der die *Negative Dialektik* zwei Menschenalter später liest, springt ihre ›Aktualität‹ ins Auge. Was Hegels Dialektik für die Bewusstseinsverfassung der Moderne bedeutete, bedeutet sie für die angebrochene Epoche ihrer Bewältigung.

Ihre Fundamentalkritik des ontologischen Fehlschlusses vom Begriff aufs Begriffene, den der Deutsche Idealismus mit Fichtes Verabsolutierung der Erkenntniskritik Kants gestiftet hatte, legt den rationalistischen Mechanismus frei, nach dem die Unterdrückung des ›Besonderen‹ durch ein gewaltsam errichtetes ›Allgemeines‹ sich vollzieht, und verhindert, dass individuelle Identität sich unbeschränkt zur Geltung bringt.

Ungeachtet Husserls Mahnruf ›Zu den Sachen!‹ und Heideggers Betonung der ›ontologischen Differenz‹ ist das hochmoderne Bewusstsein, das kein Versuch, ein ›postmodernes‹ zu installieren, hinter sich bringen konnte, von der Äquivalenz von Begriff und Sache dermaßen durchdrungen geblieben, wie sie sich in seinen technologischen Errungenschaften als deren Voraussetzung bewährte. Die Erfolge der Techniken aber beruhen auf keiner erschöpfenden Kenntnis dessen, was die Materien ihrer Erzeugnisse ›sind‹, sondern auf deren abstrakter Symbolisierung in den mathematischen Zeichensystemen der Naturwissenschaften.

Der Idealismus übergeht die Differenz zwischen Denken und Gedachtem. *Das Etwas als denknotwendiges Substrat des Begriffs, auch dessen vom Sein, ist die äußerste, doch durch keinen weiteren Denkprozeß abzuschaffende Abstraktion des mit Denken nicht identischen*

Sachhaltigen; ohne Etwas kann formale Logik nicht gedacht werden. Sie ist nicht zu reinigen von ihrem metalogischen Rudiment. [...]. Denken widerspräche schon seinem eigenen Begriff ohne Gedachtes und dies Gedachte deutet vorweg auf Seiendes, wie es vom absoluten Denken doch erst gesetzt werden soll (Adorno, *Negative Dialektik*, 139). Diesen fundamentalen Widerspruch in seinen Konsequenzen für das Denken und seinen Weltbezug zu analysieren, macht ›Dialektik‹ zur *Selbstkritik des Begriffs* (a.a.O.). Die eigene Intention der Metakritik Adornos an der Erkenntnistheorie von Hegel bis Husserl ist die Rettung dessen, was an den Wirklichkeiten der Denkinhalte von der Logik als Werkzeug des Denkens nicht erfasst werden kann.

Ihre Analyse *trifft immanent, im Inneren der vermeintlich reinen Begriffe und ihres Wahrheitsgehalts, auf jenes Ontische, vor dem es dem Reinheitsanspruch schaudert und das er, hochmütig zitternd, an die Einzelwissenschaften zediert. Das kleinste ontische Residuum in den Begriffen, an denen die reguläre Philosophie vergebens herumreibt, nötigt sie, das Daseiende selber reflektierend einzubeziehen, anstatt mit dessen bloßem Begriff vorlieb zu nehmen und dort sich geborgen zu wähnen vor dem, was er meint* (a.a.O., 142).

Vor diesem Vorrang des Besonderen kapitulieren die Abstraktionen des Denkens, deren logische Verfahren es dem Begriff als Bestimmung eines Allgemeinen als dessen Exemplar unterwerfen. *In gewissem Betracht ist die dialektische Logik positivistischer als der Positivismus, der sie ächtet: sie respektiert, als Denken, das zu Denkende, den Gegenstand auch dort, wo er den Denkregeln nicht willfahrt. Seine Analyse tangiert die Denkregeln. Denken braucht nicht an seiner eigenen Gesetzlichkeit sich genug sein zu lassen; es vermag gegen sich selbst zu denken, ohne sich preiszugeben; wäre eine Definition von Dialektik möglich, so wäre das als eine solche vorzuschlagen* (a.a.O., 144).

Derart verfahrend, wird Philosophie zu der Anstrengung, noch das zu denken, was in den Begriffen nicht aufgeht.

Sich Hegels Zauber, die Gegensätzlichkeit des Verschiedenen in der ›Aufhebung‹ von These und Gegenthese zur Synthese verweigernd, ist Adornos *Negative Dialektik* eine Philosophie der Achtung des Selbstseins alles dessen, was Denken zu bestimmen unternimmt. *Hybris ist, daß Identität sei, daß die Sache an sich ihrem Begriff entspreche* (a.a.O., 152). *Dialektische Erkenntnis hat nicht, wie ihre Gegner es ihr vorrechnen, von oben her Widersprüche zu konstruieren und durch ihre Auflösung weiterzuschreiten, obwohl Hegels Logik zuweilen derart prozediert. Statt dessen ist es an ihr, der Inadäquanz von Gedanke und Sache nachzugehen; sie an der Sache zu erfahren* (a.a.O., 156).

Für das Denken des ›Menschen‹ bedeutet dies, sein reales Sein durch keine seiner theoretischen Definitionen als erfasst anzunehmen, seien sie wissenschaftliche, philosophische oder politische. Jeder Mensch ist in seinem empirischen Dasein mehr als ein Begriff vom Menschen umfasst, der ihn identifiziert.

An der ontisch erschöpfenden Erfassung ihrer Gegenstände hindert die Begrifflichkeit des Denkens die Struktur der Logik, nach der sie verfährt. Deren alles gründende Voraussetzung, wie sie der ›Satz vom Widerspruch‹ formuliert, unterwirft das Denken dem Regime der Eindeutigkeit. ›Etwas‹ ist bestimmt, sobald es als ›dieses eine‹ erfasst ist. Seine ›Identität‹ ist seine abweichungslose und restlose Sichselbstgleichheit. Die Logik beruht auf der unveränderlich feststehenden Identität dessen, was die Begriffe bezeichnen.

Das Wort Identität war in der Geschichte der neueren Philosophie mehrsinnig. Einmal designierte es die Einheit persönlichen Bewußtseins: daß ein Ich in all seinen Erfahrungen als dasselbe sich erhalte. Das meinte das Kantische »Ich denke, das alle meine Vorstellungen soll begleiten können«. Dann wieder sollte Identität das in allen vernunftbegabten Wesen gesetzlich Gleiche sein, Denken als logische Allgemeinheit; weiter die Sichselbstgleichheit eines jeglichen Denkgegenstandes, das einfache A=A. Schließlich, erkenntnistheoretisch: daß Subjekt und Objekt, wie immer auch vermittelt, zusammenfallen. […].

Logische Allgemeinheit als die von Denken ist gebunden an die individuelle Identität, ohne welche sie nicht zustande käme, weil sonst kein Vergangenes in einem Gegenwärtigen, damit überhaupt nichts als Gleiches festgehalten würde. Der Rekurs darauf setzt logische Allgemeinheit voraus, ist einer von Denken. Das Kantische »Ich denke«, das individuelle Einheitsmoment, erfordert immer auch das überindividuelle Allgemeine. Das Einzel-Ich ist Eines nur vermöge der Allgemeinheit des numerischen Einheitsprinzips; die Einheit des Bewußtseins selber Reflexionsform der logischen Identität. Daß ein individuelles Bewußtsein Eines sei, gilt nur unter der logischen Voraussetzung vom ausgeschlossenen Dritten: daß es nicht ein Anderes soll sein können. Insofern ist seine Singularität, um nur möglich zu sein, überindividuell. Keines der beiden Momente hat Priorität vorm anderen. Wäre kein identisches Bewußtsein, keine Identität der Besonderung, es wäre so wenig ein Allgemeines wie umgekehrt. So legitimiert erkenntnistheoretisch sich die dialektische Auffassung von Besonderem und Allgemeinem (a.a.O., 145 f.: Anmerkung).

Diese Struktur des Denkens *aber ist, vor jeglichem spezifischen Gehalt, als abstrakt Festgehaltenes im einfachsten Sinn negativ, Geist gewordener Zwang.*

Dem widersprechend, tendiert negative Dialektik *nicht auf die Identität in der Differenz jeglichen Gegenstandes vor seinem Begriff; eher beargwöhnt sie Identisches. Ihre Logik ist eine des Zerfalls: der zugerüsteten und vergegenständlichten Gestalt der Begriffe, die zunächst das erkennende Subjekt unmittelbar sich gegenüber hat. Deren Identität mit dem Subjekt ist die Unwahrheit. Mit ihr schiebt sich die subjektive Präformation des Phänomens vor das Nichtidentische daran, vors individuum ineffabile* (a.a.O., 148).

Dagegen kommt es auf die Erfassung des Nichtidentischen am Identifizierten an: das ›Mehr‹ des Gedachten in sein Gedachtwerden aufzunehmen. *Der Gegensatz des Denkens zu seinem Heterogenen reproduziert sich im Denken selbst als dessen immanenter Widerspruch.*

Reziproke Kritik von Allgemeinem und Besonderem, identifizierende Akte, die darüber urteilen, ob der Begriff dem Befaßten Gerechtigkeit widerfahren läßt, und ob das Besondere seinen Begriff auch erfüllt, sind das Medium des Denkens der Nichtidentität von Besonderem und Begriff (a.a.O., 149).

Diese Struktur aber ist *nicht* die *von Denken allein.* Sie greift auf die reale Ordnung des Wirklichen und des Daseins über. Der Zwang, der vom Allgemeinen ausgeht, stammt aus dem Sinn der Identifikation, das Besondere als dessen Teil zu erfassen. Als dessen Exemplar hat dieses ungeachtet seiner spezifischen Verfassung die Bestimmung zu leben, die die eigene Bestimmtheit des Allgemeinen ihm auferlegt. *Das Einzelne ist immer mehr sowohl wie weniger als seine allgemeine Bestimmung. Weil aber nur durch Aufhebung jenes Widerspruchs, also durch die erlangte Identität zwischen dem Besonderen und seinem Begriff, das Besondere, Bestimmte zu sich selber käme, ist das Interesse des Einzelnen nicht nur, das sich zu erhalten, was der Allgemeinbegriff ihm raubt, sondern ebenso jenes Mehr des Begriffs gegenüber seiner Bedürftigkeit* (a.a.O., 154).

Das Allgemeine übt seine Gewalt, die das gesamte Dasein durchzieht, durch die Missachtung dieser Überschüssigkeit des Einzelnen über seine Identifikation als Exemplar. Dem widerspricht *denkende Insistenz vorm Einzelnen, als auf dessen Wesen, anstatt auf das allgemeine, das es vertrete* (a.a.O., 164).

Diesem Zwang in einer durch Identifikationen geordneten Lebenswelt unentwegt ausgesetzt, überdeckt die Funktionalität des Einzelnen für das Ganze, dem er angehört, und das ihm ermöglicht, zu leben, diese Unterdrückung seines Eigenseins. Daraus entsteht ›falsches Bewusstsein‹. *Identität ist die Urform von Ideologie. Sie wird als Adäquanz an die darin unterdrückte Sache genossen; Adäquanz war stets auch Unterjochung unter Beherrschungsziele, insofern ihr eigener Widerspruch* (a.a.O., 151). Das identifizierende Denken *erweist daran seine ideologische Seite, daß es die Beteuerung, das Nicht-ich sei am Ende das Ich, nie einlöst; je mehr das Ich es ergreift, desto vollkommener findet das Ich zum Objekt sich herabgesetzt. Identität wird zur Instanz einer Anpassungslehre, in welcher das Objekt, nach dem das Subjekt sich zu richten habe, diesem zurückzahlt, was das Subjekt ihm zugefügt hat* (a.a.O., 151).

Bis der Einzelne schließlich die Missachtung seiner personalen Identität durch das Regime der Identifikation vergisst, und sich selbst für das hält, als was sie ihn behandelt.

Die Gewalt des sich realisierenden Allgemeinen ist nicht, wie Hegel dachte, dem Wesen der Individuen an sich identisch, sondern immer auch konträr. Nicht bloß sind sie in einer vermeintlichen Sondersphäre von Ökonomie Charaktermasken, Agenten des Wertes. Auch wo sie dem Primat der Ökonomie sich entronnen wähnen, bis tief hinein in ihre Psychologie, die maison tolérée des unerfaßt Individuellen, reagieren sie unterm Zwang des Allgemeinen; je identischer sie mit ihm sind, desto unidentischer sind sie wiederum mit ihm als wehrlos Gehorchende. In den Individuen selber drückt sich aus, daß das Ganze samt ihnen nur durch den Antagonismus hindurch sich erhält. Ungezählte Male werden Menschen, auch bewußte und der Kritik an der Allgemeinheit mächtige, durch unausweichliche Motive der Selbsterhaltung zu Handlungen und Attituden genötigt, die dem Allgemeinen blind sich zu behaupten helfen, während sie dem Bewußtsein nach ihm opponieren. Einzig weil sie das ihnen Fremde zu ihrer eigenen Sache machen müssen, um zu überleben, entsteht der Schein jener Versöhntheit, den die Hegelsche Philosophie, welche die Vormacht des Allgemeinen unbestechlich erkannte, bestechlich als Idee verklärt. Was strahlt, als wäre es über den Antagonismen, ist eins mit der universalen Verstrickung. Das Allgemeine sorgt dafür, daß das ihm unterworfene Besondere nicht besser sei als es selbst. Das ist der Kern aller bis heute hergestellten Identität (a.a.O., 306).

Dagegen unterwirft das negative dialektische Denken sich dem ›Vorrang des Objekts‹, indem es in jedem Akt des Bestimmens dessen prinzipielle Unvollkommenheit mitbedenkt. *Was ist, ist mehr, als es ist. Dies Mehr wird ihm nicht oktroyiert, sondern bleibt, als das aus ihm Verdrängte, ihm immanent. Insofern wäre das Nichtidentische die eigene Identität der Sache gegen ihre Identifikationen* (a.a.O., 164).

Jedes bedachte Sein übertrifft in seinem Eigensein jede Identifikation, mit der das Denken es belegt. Der Begriff, der es ihm eingemeindet, ist dessen Stellvertreter im Denken, der es diesem ermöglicht, es als Teil der Menschenwelt zu bestimmen und zu behandeln. Eine Erfassung dessen, was es ›ist‹, bedeutet diese Operation des Bewusstseins nicht. Der Begriff ist Zeichen, nicht Repräsentant der Sache, die er nennt. *In Dialektik erhebt Denken Einspruch gegen die Archaismen seiner Begrifflichkeit. Der Begriff an sich hypostasiert, vor allem Inhalt, seine eigene Form gegenüber den Inhalten. Damit aber schon das Identitätsprinzip: daß ein Sachverhalt an sich, als Festes, Beständiges, sei, was lediglich denkpraktisch postuliert wird. Identifizierendes Denken vergegenständlicht durch die logische Identität des Begriffs. Dialektik läuft, ihrer subjektiven Seite nach, darauf hinaus, so zu denken, daß nicht länger die Form des Denkens seine Gegenstände zu unveränderlichen, sich selber gleichbleibenden macht; daß sie das seien, widerlegt Erfahrung* (a.a.O., 156 f.).

Was sich der Logik als Gegensatz einander ausschließender Bestimmungen des Gedachten darstellt, gehört zu dessen eigener Verfassung. Dialektik denkt nicht in Widersprüchen, sondern die Widersprüche als Merkmale der Integrität dessen, was die Einsinnigkeit der Begriffe an einer ›Sache‹ übergehen muss. *Der Widerspruch ist nicht, wozu Hegels absoluter Idealismus unvermeidlich ihn verklären mußte: kein herakliteisch Wesenhaftes. Er ist Index der Unwahrheit von Identität, des Aufgehens des Begriffenen im Begriff. Der Schein von Identität wohnt jedoch dem Denken selber der puren Form nach inne. Denken heißt identifizieren. Befriedigt schiebt begriffliche Ordnung sich vor das, was Denken begreifen will. […] Der Widerspruch ist das Nichtidentische unter dem Aspekt der Identität; der Primat des*

Widerspruchsprinzips in der Dialektik mißt das Heterogene am Einheitsdenken. Indem es auf seine Grenze aufprallt, übersteigt es sich. Dialektik ist das konsequente Bewußtsein von Nichtidentität. […]. Das Differenzierte erscheint so lange divergent, dissonant, negativ, wie das Bewußtsein der eigenen Formation nach auf Einheit drängen muß: solange es, was nicht mit ihm identisch ist, an seinem Totalitätsanspruch mißt. Das hält Dialektik dem Bewußtsein als Widerspruch vor. […]. Die Totalität des Widerspruchs ist nichts als die Unwahrheit der totalen Identifikation, so wie sie in dieser sich manifestiert (a.a.O., 17 f.).

Als angewandte Logik ist jeder Akt der Identifikation zugleich unvermeidlich einer der Missachtung ihres Gegenstandes. Identität und Differenz sind Leistungen des Bewusstseins, keine ontischen Bestimmungen; Verfahren, seine Inhalte zu ordnen und dieser Ordnung gemäß zu handeln. Die Logik des Begriffsdenkens ist das Korsett, in das die Dinge gezwängt werden, um als Sachen handhabbar zu sein. Man denkt nur logisch; aber das, was man denkt, ›ist‹ nicht logisch. Zwischen seinem Gedachtwerden und dem Eigensein des Gedachten klafft ein Abgrund.

Dessen Unüberbrückbarkeit erlegt dem Denken, das nicht darauf verzichten kann, zu identifizieren, die Verantwortung auf, sich der Begrenztheit seiner Urteile und Feststellungen bewusst zu sein. *Was aber an Wahrheit durch die Begriffe über ihren abstrakten Umfang hinaus getroffen wird, kann keinen anderen Schauplatz haben, als das von den Begriffen Unterdrückte, Mißachtete und Weggeworfene. Die Utopie der Erkenntnis wäre, das Begriffslose mit Begriffen aufzutun, ohne es ihnen gleichzumachen* (a.a.O., 21).

In der Logik als Büchse der Pandora des rationalistischen Zeitalters der technologischen Zivilisation lauert als Auslöser ihrer Verhängnisse die Gewaltsamkeit des Gleichmachens des Ungleichen. Sie vollzieht sich in der Missachtung der Differenzen, die etwas als es selbst, die Identität seines Selbstseins, ausmachen. Der Kern der Tautologie des Satzes der Identität, des A=A, ist die Unveränderlichkeit des einmal Bestimmten. Als dieses soll es sein, und als nichts anderes, reduziert auf diejenigen seiner Merkmale, auf die seine Identifikation sich beschränkt. Die Abweichung davon, die Manifestation der darin übergangenen Eigenschaften, ist das Ausgeschlossene. Wann immer ein Zug an ihm hervortritt, der seiner Identifikation widerspricht, ist er auszuschalten, andernfalls es seine Einbindung ins Gefüge der organisierten Welt verlöre, und seine Funktion in ihm nicht mehr erfüllen könnte. Logik ist das Äquivalent der Arbeitsteilung im verfügenden Denken. Was sie ausschließt, fällt aus der bearbeiteten Wirklichkeit.

Die Abstraktheit, also auch die Grausamkeit aller menschlichen Verhältnisse nimmt ununterbrochen zu (Ernst Jünger, »Die totale Mobilmachung«, 152). Mit diesem Fazit seiner Analyse der Situation nach dem Ersten Weltkrieg bestimmte Ernst Jünger 1934 das Grundgesetz der zivilisatorischen Bewegung im Zeitalter ihrer technologischen Mobilisierung, die nicht nur militärisch zu einer totalen wurde, indem sie alle Bereiche des Lebens ausnahmslos erfasst und nach ihren Erfordernissen organisiert. Nach dem Zweiten Weltkrieg nahm sie die Gestalt der Ökonomisierung der gesamten Existenz an, die in der ›Globalisierung‹ ihren vorläufigen Endpunkt erreichte, der die Welt in eine einzige Fabrik, und die Gesellschaften in Arbeitslager verwandelte, über deren autoritären Charakter lediglich der Wohlstand hinwegtäuscht, an dem sie ihre Angehörigen teilhaben lässt, oder den sie ihnen verheißen.

Die Abstraktion kennt die Fülle der Eigenschaften dessen, was sie auf den Begriff bringt, nicht. Ihr unterworfen, büßt es deren Wirksamkeit in seinem Dasein ein, das ausschließlich nach dem beschränkten Gehalt seiner Abstraktion behandelt wird. Die Vielfalt der Gestalten, in denen ›der‹ Mensch existiert, geht in dem einen und einheitlichen Begriff verloren, der definiert, *wie* ein Mensch zu sein hat, um *als* ein Mensch zu gelten. Exemplarisch und in ultimativer Zuspitzung der Verarmung eines differenzierten Seins in der

Engführung seiner Merkmale zu seiner Bestimmung, wenn nach der ideologisch rigorosesten Logik der Anthropolitik aus dem Menschen der ›deutsche Mensch‹ oder der ›Sowjetmensch‹ wird, und jeden, der diesem Kriterium als ›Jude‹ oder ›Bürger‹ nicht genügt, aus der Gemeinschaft der Menschen ausschließt, und in Gaskammer und Gulag schickt.

In den Wissenschaften Werkzeug der begrifflichen Ordnung des Seienden, wird die Stringenz der Logik politisch zum Instrument einer Herrschaftsform, die über Daseinsrecht- und unrecht verfügt. Die äußerste Konsequenz der Identifikation ist der Tod dessen, der ihr unterworfen wird, und ihr nicht entspricht. Ihr folgt der Vernichtungskrieg Russlands gegen die Ukraine, die nicht sein soll, weil sie sich der russischen Identifikation als ›Kleinrussland‹ verweigert. Er offenbart die Ultima Ratio einer Identitätspolitik, das Ungleiche zu vernichten, das nicht sein will, was es für Andere sein soll, weil es für sich etwas anderes ist. Mit dem Austritt Russlands aus dem erreicht gewesenen ersten Stadium einer Weltzivilisation, den es damit vollzieht, wird die immanente Gewalt der Logik welthistorisches Ereignis.

Personale Identität des Selbstseins erlangt ein Leben nur im Widerstand gegen die Identifikationen, denen es als Teil der Daseinsordnungen ausgesetzt ist, die es ermöglichen. Durch Beharrung auf der eigenen Nichtidentität gegenüber deren Zuweisungen. ›Identität‹ bezeichnet nicht das verwirklichte Selbstsein, sondern dessen Gefährdung. Ein selbstbestimmtes Leben ist weniger ein Leben *für* dessen Selbstverständnis, als eines *gegen* das Leben, das von einem erwartet wird, auf dessen vorgezeichnete Bahn Zeitumstände, Herkunft, Familie, religiöse und politische Vorgaben gesetzt haben, lange bevor ein Selbstverständnis sich entwickeln kann. Was ›Ich‹ bin, kann ich nur sein, indem ich nicht werde, was ich sein soll. Und doch immer dabei bin, es zu werden, ohne es zu merken.

In unserer Unterschiedenheit von allen Anderen *sind* wir in diesem Widerstand immer schon so ›anders‹, wie wir als Verwirklichung unserer selbst zu werden wünschen. Das Anderssein ist weder Grenze noch Ziel des Selbstseins, sondern dessen Bedingung. Während Selbstbehauptung sich gegen sie absetzt, bedarf sie der Anderen in deren eigener Verschiedenheit. *Die Erfahrung des Anderen ist immer die einer Entgegnung von mir und einer Entgegnung auf mich. Die Lösung ist zu suchen auf der Seite jener seltsamen Abstammung, die den Anderen für allezeit zu meinem Zweiten macht, selbst wenn ich ihn mir vorziehe und mich ihm opfere. In der innersten Verborgenheit meiner selbst geschieht diese seltsame Ineinanderfügung mit dem Anderen; das Geheimnis des Anderen ist kein anderes als das Geheimnis meiner selbst* (Maurice Merleau-Ponty, »Die Wahrnehmung des Anderen«, 150 f.). Schließe ich ihn aus meiner Identität aus, verhindere ich sie. Ohne Nichtidentität keine Identität. Diese gegenseitige Durchdringung geschieht völlig unabhängig von einer deutlich demarkierenden Bestimmung des eigenen Andersseins wie dessen des Anderen, die ohnehin kaum jemals zu erreichen ist.

Nur, wenn ich einsehe, wie die Anderen anders sind, kann ich meine eigene Besonderheit als Kern meiner Identität erfahren, und zur Geltung bringen. Ich bin desto mehr ›ich selbst‹, je genauer ich Andere in ihrem Anderssein kenne. Das führt zu dem unauflösbaren Paradox, dass es geben muss, wogegen das Bedürfnis nach Selbstsein sich richtet. Und überführt den Rassismus der Dummheit, der das Eigene vom Verschwinden des Anderen abhängig macht. Behinderung muss sein, damit es Gelingen geben kann. Ich bin desto mehr Ich-Selbst, je mehr Andere es gibt, die ich nicht bin.

Selbst sein zu können, bedarf der Erfahrung der Nichtidentität in der Missachtung durch fremde Identifikation: nicht zu sein, als der man behandelt wird. Das entscheidet zwar nicht darüber, wer man ist, aber, ob man wirklich sein *will*, das zu sein man überzeugt ist. Die Gewissheit des Selbst entsteht durch dessen Verwerfung. Was mich verhindert, macht mich möglich, indem es mich mit mir selbst bekannt macht.

Nur Selbstlosigkeit sieht darin nur die Gefahr. Wer Differenz ablehnt, gibt damit zu erkennen, selbstlos zu sein. Weil er die Identität, die er beansprucht und zu verteidigen behauptet, nicht hat, bekämpft er das Andere und wünscht dessen Verschwinden.

Zur Unentbehrlichkeit der Differenz gehört die Erfahrung des Widerstandes gegen den Widerstand, und die Selbstbefremdung, in die die Negation des Selbst versetzt, die die Anderen durch die Weigerung vollziehen, einen als den zu nehmen, als der man auftritt. Wer man wirklich ist, zeigen Situationen der Selbstverfehlung, in denen man drastisch erfährt, was man nicht ist, wenn man sich Übergriffen hilflos ausgesetzt findet, eine Ambition scheitert, ein Mangel an Begabung manifest wird, eine Beziehung misslingt. Dann hat man sich nicht nur in den Anderen, sondern vor allem sich selbst getäuscht.

Wie die Bestimmung des Menschlichen nur ontoanthropologisch als Analyse der Weltbedingungen des Daseins möglich ist, so kann es personale Selbstbestimmung nur aufgrund des Verständnisses geben, wie diese sie prägen: Wie macht ›mich‹, was Menschen macht? Keine Wahl einer Identität führt zu ihr; nur die Kenntnis dessen, was ihr entgegensteht.

In der auf totale Integration zusteuernden Weltzivilisation besteht die Tragödie des Selbstseins darin, dass ihre wichtigste Bedingung aus ihr immer schneller verschwindet. Frei zu sich selbst macht keine Gleichheit Aller, sondern deren gegenseitige Achtung ihrer Verschiedenheiten. Freiheit beruht auf der Möglichkeit des Nichtidentischen. Der erkenntniskritische ›Vorrang des Objekts‹ bedeutet politisch, die Ordnung des Miteinanderlebens betreffend, den Vorrang des Verschiedenen vor dem Einheitlichen. Dem Verzicht auf die Entscheidung des logischen Entweder-Oder des Urteilens, das desto härter zum Verurteilen führt, je schärfer die Unterscheidung getroffen wird, entspricht gesellschaftlich das Geltenlassen einander widerstrebender Verschiedenheiten. Das aber ist nur ohne die Ausblendung der Anderen in ihrem Anderssein in der Behauptung eines Selbstseins möglich. Nur, wenn ›Ihr‹ bleiben könnt, was ihr seid, kann jedes ›Ich‹ sein, was es ist.

Das verlangt in letzter Konsequenz danach, auf den Diskurs über Identität zu verzichten, dessen Ziel die Eindeutigkeit der Bestimmungen, und das Schweigen ihrer Nichterfüllungen ist. An seine Stelle tritt die auszuhaltende Kakophonie der Selbstäußerungen existierender und erstrebter Identitäten. Weil niemand sein kann, was ein Anderer ist, kann niemand irgendwem sagen, wer er sei. Zu dem, was von der Moderne zu retten ist, um sie bewältigen zu können, gehört der Verzicht darauf, *anstelle der anderen zu sprechen* (Gilles Deleuze, *Unterhandlungen*, 127). Die Anmaßung, es zu tun, ist die Essenz des Totalitären.

Diese Einsicht erneuern die Erfahrungen migrantischer Existenzen zwischen verschiedenen Kulturen, die die neuen Daseinsformen in der Weltzivilisation des 21. Jahrhunderts modellieren, derzeit am nachdrücklichsten. Die Lebenshaltung, die aus ihr folgt, bezeugt das identitätskritische Fazit, das aus der Reflexion eines Lebens zwischen den Kulturen Asiens und Europas, Indiens und Deutschlands, folgt, exemplarisch.

Die Sehnsucht nach Identität [...] wird zum Problem, wenn wir uns davon Eindeutigkeiten erhoffen. Das Leben ist nicht eindeutig. Es ist eine Sammlung von Erfahrungen im Miteinander. Ein Experiment, in dem wir versuchen, möglichst zufrieden gemeinsam zu verweilen. Ich glaube nicht (mehr), dass es dafür eine feste Aufgabe oder Identität braucht. [...] Diese Haltung bedeutet auch: in keine Kategorie passen zu müssen, aber in viele passen zu können, gleichzeitig. Dasselbe Privileg auch meinen Mitmenschen zugutekommen zu lassen. Sie immer erst als Individuen zu betrachten statt in Gruppen einzuordnen. Zu verstehen, dass mein Verhalten, meine Sprache und mein Denken die Freiheit anderer verletzen oder schützen können. Ambivalenz nicht als Mangel zu betrachten, sondern als M e h r. [...]. Und je diverser wir einander sein lassen, desto freier können wir w e r d e n. Was uns zusam-

menhält, ist dann nämlich genau das: die Freiheit, nirgends hineinzupassen (Julia Wadhawan, *Sag mir nicht, wer ich bin*, 224 ff.).

Dazu bedarf es jener ›Ichstärke‹, deren Fehlen Identitätsansprüche rigoros werden lässt. Da niemand genau wissen kann, wer er ist, fällt es so schwer, sie aufzubringen. Einzusehen, dass es Allen so ergeht, mag es erleichtern, den Mut zu finden, einander die Unbestimmtheit zuzugestehen, die jeder aushalten muss, um ein stets ungewisses ›Selbst‹ leben zu können.

Nein Sagen

Zu den beliebtesten Ratschlägen der Populärpsychologie gehört, ›auch einmal Nein zu sagen‹. Als garantierte die Abweisung eines Verlangens bereits gelingende Selbstbehauptung.

Dem liegt die Überzeugung zugrunde, diese vollziehe sich grundsätzlich in Formen der Abwehr. Sei also nach außen gerichtet, was vor allem heißt: gegen Andere. So selbstverständlich, dass sie geradezu der Ausschluss von allem, und allen Anderen aus Eigenem wäre. Dem entspricht das psychoanalytische Verständnis der Verneinung als Symptom der Verdrängung. *Etwas im Urteil verneinen, heißt im Grunde: das ist etwas, was ich am liebsten verdrängen möchte* (Freud, »Die Verneinung«, 401).

Das aber setzte voraus, dass es bereits ein Selbst gäbe, das sich dann aller Arten von Ansprüchen zu erwehren hätte, um sich zu bewahren. So notwendig es zum Selbstschutz ist, sich darauf zu verstehen, so schwierig ist es, Nein zu sagen. Dass etwas sein muss, bedeutet nicht, es auch zu können. Wann genau gilt es, zu verneinen? Zum prinzipiellen Neinsager, zum Nörgler und Querulanten wird, dessen Ichschwäche ihm versagt, die Unsicherheit darüber, es festzustellen, zu überwinden. Das erfordert Übung, und Selbst- mehr noch als Menschenkenntnis.

Vor allem Außenbezug richtet Selbstbehauptung sich auf das eigene ›Ich‹. Der Selbstbezug ist deren wichtigere Komponente. Nur wird dies kaum bemerkt, weil er weitgehend unbewusst geschieht. Mit sich selbst bekannt zu sein, ist die wichtigste Voraussetzung jeder möglichen Selbstbehauptung. Das ›Selbst‹ ist der sich in ständiger Bildung befindende Ausgleich zwischen ›Ich‹ und ›Ego‹. Zwischen dem, was es ist, und dem, wofür es sich hält.

Das unentbehrliche Mittel, diese Selbstbekanntheit zu gewinnen, bietet das, was dem Selbst am schärfsten zu widersprechen scheint, der Zweifel. Das Ich, das sich in Frage stellt, bildet sein Selbst. In der Erfahrung der Uneinigkeit mit sich wird Sicherheit im Selbstbezug erlangt. Indem man etwa die Unsicherheit über eine beabsichtigte oder vollbrachte Tat zulässt, und sich dem Zweifel stellt: Bin ich das wirklich, dies zu tun, jenes getan zu haben?

So ist das Selbst das Maß, nach dem das Ich sich selbst in Situationen der Verunsicherung beurteilt. Es ist die Instanz, die jede Handlung des Ichs auf Übereinstimmung mit dem, was es ist, hin überwacht. Diese Prüfung geschieht unentwegt, und weitgehend unbemerkt. Das Selbst einer Person ist das Maß ihrer Manifestation als Ich: Kern ihres Ethos'. Dieses Maß betrifft ebenso das, was ›ich‹ als mir entsprechend bejahe, wie das, was ›ich‹ ablehne. So bedeutet, sich zu behaupten, sein Maß zu halten. Was weder mit dem aristotelischen Gebot, stets die Mitte in allem zu wahren, noch mit puritanischer Sittsamkeit oder bürgerlichem Wohlverhalten zu verwechseln ist. Selbstbehauptung ist die permanente Bewährung dieses Maßes, das nicht ein für alle Male feststeht, sondern sich in jeder Lebenssituation aufgrund des Urteils, das es ermöglicht und erfordert, neu bildet. Für sich selbst wird unser Selbst nicht nur kenntlich, indem es in Frage gestellt wird; mehr noch, indem es sich selbst in Frage stellt. Wer dazu nicht fähig ist, der ist selbstlos, und bleibt es.

In der Verweigerung wird Verneinung zur Handlung. Ihre berühmteste literarische Figur aber ist kein Neinsager. Herman Melvilles *Bartleby* verweigert sich der Zustimmung. Nicht nur, dass er sich zu nichts bestimmen lassen will, eine ihm vorgesetzte Autorität nicht duldet; er will gar nicht erst urteilen. Er verharrt zwischen Zustimmung und Ablehnung. Indem er weder Ja noch Nein sagt, scheint er seine Souveränität zu behaupten. Tatsächlich gibt er damit zu erkennen, dass er über sie nicht verfügt. Sein ›lieber nicht‹ verweigert sich nicht nur dem Anderen und dessen Ansinnen an ihn, das seine Freiheit einschränkt; mit ihm verweigert er vor sich selbst, für sich zu entscheiden, was ihm zuträglich ist und von ihm anerkannt werden kann, und was nicht, und deshalb abzulehnen ist. Sein Satz der Verweigerung ist die Formel der Willenlosigkeit. Kein *Wille zum Nichts, sondern die Zunahme eines Nichts an Willen* wird von ihr signalisiert.

Dieser *Negativismus jenseits jeder Negation* (Deleuze, »Bartleby oder die Formel«, 98 f.) vollzieht das Paradox einer souveränen Unterlaufung des Anspruchs auf Souveränität. Sie verweigert das ›Selbst‹ der Selbstbestimmung, die in einer von der Idee der Individualität durchdrungenen gesellschaftlichen Mentalität jedermann abverlangt wird.

Als Antwort auf einen an ihn gerichteten Anspruch, der seine Handlungsfreiheit beeinträchtigte, folgte Bartleby ihm, offenbart dieses Sichentziehen, wie sehr das ›Selbstsein‹ seinerseits eine soziale Pflicht ist. Ihr ›Selbst‹ ist die von der Person beglaubigte Identität, deren unveränderliche Stabilität sie erst dazu befähigt, als ein verlässliches Mitglied der Gesellschaft zu existieren. Nicht ihre Unterscheidung ihres Trägers von allen Anderen ist das bestimmende Moment der Identität, ihre Unverwechselbarkeit, sondern ihre Unveränderlichkeit. Indem Bartleby alles das, wozu seine Rolle als Schreiber ihn verpflichtet, lieber nicht will, hebt er diesen Hintersinn sozialer Verpflichtung der Identität auf. Und demonstriert damit, dass Identität alleine nicht nur keine Freiheit verbürgt, sondern sie behindert.

Frei ist erst, wer auch zur eigenen Identität, zu sich selbst ›Nein‹, und von sich sagen kann, *daß ich jedenfalls kein Selbst habe und daß ich nicht willens oder fähig bin, mir mit mir selbst den Witz eines Selbst zu erlauben* (Philip Roth, *Gegenleben*, 418). Auf die Frage ›Wer bin ich?‹ antworten zu können: *Ich bin nichts* (Patrick Modiano, *Die Gasse*, 7), oder *Ich bin nicht Stiller!* (Max Frisch, *Stiller*, 9), ist die äußerste mögliche Manifestation dieses Vermögens.

Aber was ist man, wenn man ›nichts‹ ist, aber jemand sein muss? Der ideale Akteur auf dem Theater der gesellschaftlichen Rollen. Selbstlos wird man zum Darsteller eines ›etwas‹, das man zu sein hat. *Was ich statt dessen habe, ist eine Vielzahl von Darstellungen, die ich liefern kann, und nicht nur meiner selbst – eine ganze Spieltruppe, die ich internalisiert habe, ein beständiges Ensemble von Schauspielern, auf die ich zurückgreifen kann, wenn ein Selbst verlangt ist, ein sich immer weiter entwickelnder Vorrat an Stücken und Rollen, der mein Repertoire bildet* (Roth, a.a.O.).

Sich mit Bewusstsein von sich selbst zu distanzieren, und sein ›Sein‹ durch ein ›Bild‹ zu ersetzen, das man sich und Anderen präsentiert, antwortet auf die Verfassung des Menschen, die Helmuth Plessner in seinem Entwurf einer biologisch begründeten Philosophischen Anthropologie als ›Exzentrizität‹ beschrieb. *Als Ich, das die volle Rückwendung des lebendigen Systems zu sich ermöglicht, steht der Mensch nicht mehr im Hier-Jetzt, sondern ›hinter‹ ihm, hinter sich selbst, ortlos, im Nichts, geht er im Nichts auf, im raumzeithaften Nirgendwo-Nirgendwann. […]. Er lebt und erlebt nicht nur, sondern er erlebt sein Erleben. […]. Ihm ist der Umschlag vom Sein innerhalb des eigenen Leibes zum Sein außerhalb des Leibes ein unaufhebbarer Doppelaspekt der Existenz, ein wirklicher Bruch seiner Natur. Er lebt diesseits und jenseits des Bruches, als Seele und als Körper u n d als die psychophysisch neutrale Einheit dieser Sphären* (*Die Stufen des Organischen und der Mensch*, 292). So können wir von uns absehen, und spielen, etwas zu sein, was wir nicht sind, Schauspieler unserer selbst sein. *In diesem Sich-selber-präsent-Sein liegt der Bruch, die ›Stelle‹ möglichen Sich-von-sich-Unterscheidens, die dem Menschen im Zwang zur Wahl und als Macht des Könnens seine besondere Weise des Daseins, die wir die exzentrische genannt haben, anweist. […]. Bedeutsamerweise bringt der Bildentwurf, in dem der Darsteller zur Verkörperung als Mensch seiner Rolle kommt, die Bildbedingtheit menschlichen Daseins ans Licht* (Plessner, »Zur Anthropologie des Schauspielers«, 217).

Die Leugnung einer eigenen Identität bezeichnet die Selbstverneinung als letzte Konsequenz der Fähigkeit, Nein zu sagen. Im Bekenntnis solcher Selbstlosigkeit rührt sich der Tod als Fluchtpunkt jeder Verneinung: die Durchstreichung des Seins. Wie das Selbstbewusstsein auf dem Wissen vom Tod beruht, so korrespondiert das Verlangen nach Selbstgewissheit dem, was die Psychoanalyse ›Todestrieb‹ nennt, ebenso wie das Gegenteil ihres Fehlens. Erst der Tod stellt Identität her, indem er den Wandel als Vollzugsgeste des Lebens still stellt. Wer wir sind, werden wir nie erfahren. Genau daraus entsteht und erneuert sich das Bedürfnis nach Identität, in dem die Todesneigung als unbewusstes Einverständnis mit der Todesverfallenheit sich desto stärker regt, je größer es ist.

Dass das Gegenteil, das Ja-Sagen, nicht vor dem Sog der Daseinsverneinung bewahrt, hat Bertolt Brechts ›Schuloper‹ von 1930 »Der Jasager« demonstriert. Ihr Stoff folgt dem mythischen Gehalt eines Stückes aus dem japanischen No-Theater, des »Taniko«.

Wichtig zu lernen vor allem ist Einverständnis. / Viele sagen ja, und doch ist da kein Einverständnis. / Viele werden nicht gefragt, und viele / Sind einverstanden mit Falschem. Darum: / Wichtig zu lernen ist Einverständnis.

Diesen Prolog, der die ›Lehre‹ des Stückes vorausschickt, spricht ›Der Grosse Chor‹, der Repräsentant des Kollektivs. Das ›Einverständnis‹, das er verlangt, ist die Grundlage der Gemeinschaft, und der Teilhabe an ihr. Dass es sich dabei um keine Daseinsgarantie, sondern um die Einforderung eines bedingungslosen Gehorsams handelt, der das Opfer des eigenen Lebens einschließt, wenn das Gesetz es verlangt, zeigt der Verlauf der Handlung. Ein ›Knabe‹, der sich einer Expedition in ein fernes Land anschließt, in dem Heilkundige leben, weil seine Mutter erkrankt ist, um rettende Arznei zu beschaffen, erkrankt unterwegs selbst und wird zu schwach, weiter mitzuziehen. Für diesen Fall verlangt ›der Brauch‹ nicht nur, ihn zurückzulassen, was seinen sicheren Tod bedeutet, sondern von dem Betroffenen, sein Einverständnis damit zu erklären. Nach kurzer Bedenkzeit willigt der Junge ein. Und bittet darum, ihn sofort zu töten, da er nicht alleine sterben wolle. Dies geschieht. ›Der Grosse Chor‹ verkündet, dass die Ordnung der Welt gewahrt sei. *Dann nahmen die Freunde den Krug / Und beklagten die traurigen Wege der Welt / Und ihr bitteres Gesetz / Und warfen den Knaben hinab. / Fuß an Fuß standen sie zusammengedrängt / An dem Rande des Abgrunds / Und warfen ihn hinab mit geschlossenen Augen / Keiner schuldiger als sein Nachbar / Und warfen Erdklumpen / Und flache Steine / Hinterher* (a.a.O., 622).

Das Gesetz der Welt erfüllen zu müssen, selbst dann, wenn es unmenschlich ist, die Einseitigkeit dieser spartanischen Moritat konnte dem Dialektiker Brecht nicht genügen, und er fügte dem »Jasager« das Gegenstück des »Neinsagers« hinzu. Mit gleicher Handlung. Doch dieses Mal verweigert das zur Opferung bestimmte Individuum die Einwilligung in seine Tötung durch das Kollektiv. *Nein. Ich bin nicht einverstanden.* Den Verblüfften lässt Brecht den Gewandelten seine kritische Wendung gegen die archaische Logik erläutern. *Die Antwort, die ich gegeben habe, war falsch, aber eure Frage war falscher. Wer a sagt, der muß nicht b sagen. […]. Und was den alten großen Brauch betrifft, so sehe ich keine Vernunft an ihm. Ich brauche vielmehr einen neuen großen Brauch, den wir sofort einführen müssen, nämlich den Brauch, in jeder neuen Lage neu zu denken.*

Das bessere Denken des Einzelnen entfaltet in seinem Widerstand gegen das als falsch Erkannte die Kraft zur Verwandlung des Kollektivs, gegen dessen Ordnung seine Verweigerung verstößt. *So nahmen die Freunde den Freund / Und begründeten einen neuen Brauch / Und ein neues Gesetz / Und brachten den Knaben zurück. / Seit an Seit gingen sie zusammengedrängt / Entgegen der Schmähung / Entgegen dem Gelächter, mit offenen Augen / Keiner feiger als sein Nachbar* (a.a.O., 629 f.).

Gegen die Gewalt der Verbindlichkeit des einmal identifikatorisch Festgelegten steht das genauere Denken. Ein Denken, das auch gegen sich selbst denkt. Und damit seine Daseinsfunktion der Behauptung im Leben erfüllt. Die Fähigkeit zum ›Nein‹ ist die Fähigkeit, sich dem Opfer zu verweigern, dessen Einforderung zu den Gesetzen des Lebens in Gemeinschaft gehört, von den archaischen rituellen Menschenopfern über die Pflicht, fürs Vaterland zu sterben, die noch ein Thomas Abbt als Denker der Aufklärung beglaubigen zu müssen überzeugt war, bis hin zum ›Freiwilligen sozialen Jahr‹, mit dem die Jugend auf das Regime der Ausbeutung Aller für Wenige vorbereitet wird.

Dass das Selbstopfer die unausweichliche Konsequenz gerade des Widerstandes gegen eine verordnete falsche Identität sein kann, hat Walter Jens in seinem Roman *Nein: Die Welt der Angeklagten* gezeigt, der 1950 erschien, und zu einem ersten großen Erfolg der deutschen Nachkriegsliteratur wurde, um schließlich dermaßen vergessen zu werden, wie die Erfahrung des Dritten Reiches, auf die er reagiert, erst verdrängt wurde und dann verblasste. Sein Protagonist opfert sich nicht nur zur Bewahrung seiner eigenen personalen Identität. Dessen Ablehnung, Nachfolger des obersten Richters zu werden, der ihn dazu auserwählte, und damit an die Spitze der Gewalthierarchie einer totalitären Daseinsordnung zu treten, in der es nur noch eine einzige Gestalt des Menschseins gibt, die alle vernichtet, die ihr nicht entsprechen, ist ein letzter Akt, die Unerlässlichkeit der Existenz von Verschiedenheit zu bezeugen, die Bedingung der Freiheit als Erfüllung des Menschlichen ist. *Er war der Letzte. Alle anderen hatten sie getötet. Der letzte Mensch war Richter geworden, und er sollte Großrichter werden. Weil er ein Mensch war, wollte er noch leben. Aber er konnte nur leben, wenn er sich selbst nicht verriet. Er würde sterben müssen, wenn er sich treu blieb* (Jens, *Nein*, 201).

Mit ihm stirbt die Möglichkeit, ein ›Selbst‹ zu sein. Es gibt keine Individuen mehr, die sich voneinander unterscheiden, nur noch

Zwangsexemplare eines Daseinsmodells, die selbst nicht mehr wissen, solche zu sein. In der Verwirklichung der Gleichheit Aller verschwindet der Mensch als Person. *Da sie alle gleich sind, eignet sich im Letzten jeder für alles. Niemand wird es ablehnen, Zellenaufseher zu werden, wenn es zu seinem Vorteil ist. Es ist nun einmal so, und es ist gut so, und die Gefangenen selbst würden es nicht anders machen. Wir wollen nicht von Quälerei reden, wo es um das Glück aller geht* (a.a.O., 200).

Dostojewskis ›Großinquisitor‹, Kafkas ›Prozess‹ und Orwells ›1984‹ fortschreibend, entwirft Jens' Vision die Zukunft einer totalitären Weltordnung, in der der Absolutismus der einen und einzigen Identität verwirklicht wäre, als Triumph der Selbstverneinung des Menschen. *Tommy Croyden war einer von zwei Milliarden. Sie hatten verschiedene Namen, aber da sie alle gleich waren, war es ganz unnötig, daß sie die Namen kannten. Sie waren Angeklagte und Zeugen und Richter. Im Sommer war es heiß, im Winter kalt und manchmal regnete es. Am Tage schien manchmal die Sonne und abends ging manchmal der Mond auf. Sonne und Mond blickten auf einen nicht sehr großen Planeten. Gestalten lebten auf ihm. Früher nannte man sie: die Menschen* (a.a.O., 217). Vollendete Gleichgültigkeit. Die letzte Konsequenz einer letzten Bestimmung des Menschen ist sein Verschwinden.

Noch nicht in der Selbstauslöschung als Grenzwert der Verweigerung, aber in dieser selbst hat Max Scheler am Beginn des Zeitalters des Totalitären in seinem metaphysischen Entwurf zu einer Philosophischen Anthropologie die wesentliche Bestimmung des Menschen gesehen. *Der Mensch ist das Lebewesen, das kraft seines Geistes sich zu seinem Leben, das heftig es durchschauert, prinzipiell asketisch – die eigenen Triebimpulse unterdrückend und verdrängend, d.h. ihnen Nahrung durch Wahrnehmungsbilder und Vorstellungen versagend – verhalten kann. Mit dem Tiere verglichen, das immer »Ja« zum Wirklichsein sagt – auch da noch, wo es verabscheut und flieht –, ist der Mensch der »Neinsagenkönner«, der »Asket des Lebens«, der ewige Protestant gegen alle bloße Wirklichkeit* (Scheler, *Die Stellung des Menschen*, 56).

Ermöglicht durch die Fähigkeit, sich Wirkliches vorzustellen und im Bewusstsein zu distanzieren, indem das Abwesende als Bild und Begriff anwesend und zum Objekt nicht nur der bedachten Wahrnehmung, sondern auch der tätigen Behandlung gemacht wird, reagiert der ›Geist‹ auf die elementare Erfahrung, dass alles Wirkliche genau dagegen Widerstand leistet. Das *ursprüngliche Wirklichkeitserlebnis* ist das *Erlebnis des Widerstandes der Welt* (a.a.O., 54).

In diesem Widerstand ›ist‹ die Welt, in der er sich zu leben müht, die Verneinung des Menschen. Diese Abweisung seinerseits abzuweisen, begründet die Möglichkeit seines Daseins. Die Verneinung durch die Welt zu verneinen, macht den Menschen lebensfähig. Das Neinsagenkönnen, das das Individuum gegen die verfehlten Zumutungen zwischenmenschlicher Identifikationszuweisungen widerstandsfähig macht, begründet die Identität der Gattung. Und damit das Potential ihrer Selbstgefährdung.

Mit dieser Wendung des Bewusstseins hatte die Neuzeit die Ontologie des Mittelalters hinter sich gelassen, und die Möglichkeit einer Kultur der Weltbearbeitung eröffnet, deren Praktiken schließlich in die Selbstbedrohung der Daseinsmöglichkeit des Menschen umschlagen, die sie begründen sollten. Mit der Wiederkehr des Vorranges der Welt vor dem ›Selbst‹ des Menschen in der spätneuzeitlichen Ontologie einer Ökologie des Überlebens kehrt dagegen die antike Ontoanthropologie zurück, in der der Mensch eine Erscheinung in der Welt wie alle anderen, und deren festgefügter Ordnung unterworfen ist (vgl. Leander Scholz, *Die Regierung der Natur*, 119–146).

Das Christentum, das sie ein Jahrtausend lang verdrängte, war die radikale Umkehrung der Verneinung des Menschen durch die Welt. Die neutestamentliche Verwerfung der Welt als verdorbenes Diesseits drängt zur Selbstverneinung des Menschen. Wenn sein Daseinssinn sich erst im Jenseits erfüllt, wird die Welt, in der er lebt, gleichgültig, und der Widerstand des Daseins gegen ihren Widerstand sinnlos. Dabei ist der Mensch als ›Geschöpf‹ in der ›Schöpfung‹ unabtrennbarer Teil der Welt. Vor aller Metaphysik aber ist es elementare Daseinserfahrung, dass die Bindung zwischen Mensch und Welt nicht auf Gegenseitigkeit beruht. So sehr der Mensch als Lebewesen und in seinem Sinnverlangen für sein Dasein auf sie angewiesen ist, so unabhängig erweist sich das Sein der Welt vom Dasein des Menschen in ihr. Ohne die Welt gibt es keinen Menschen; ohne Menschen sehr wohl die Welt.

In dieser Disproportion lauert die Verlockung zu Selbstverleugnung und Selbstaufgabe. Zwischen Himmel und Erde, Engel und Tier angesiedelt, ist der Mensch nicht nur das Lebewesen, das mit sich selbst unzufrieden sein und seine weltbedingten Zustände verwerfen und verändern kann; er ist das einzige, das fähig ist, sein bloßes Dasein zu verneinen. Als *Neinsager* kann der Mensch nicht nur verneinen, *was* er ist; auch, *dass* er ist. Darauf beruht die Schwierigkeit, zu verneinen auch dort, wo es im Interesse der Selbstbehauptung geboten ist, bis in die Banalitäten des Alltagslebens hinab: auf der Angst, dem Sog ins Nicht-Sein zu verfallen, der in jeder Verneinung lauert. *Die Schwierigkeit »nein« zu sagen,* ist die *Schwierigkeit »nein« zu sagen zum Nichtsein* (Klaus Heinrich, *Versuch*, 100).

So leicht es konsequenter Reflexion des Daseins fällt, es als sinnlos zu erachten, so schwer, die Konsequenz daraus in die Tat umzusetzen, und ein Leben zu beenden, das dem Trieb der Selbsterhaltung gehorcht. Leichter, als den Tod zu erleiden, ist es, ihn zuzufügen. Auch das ist nicht einfach; aber um ein Vielfaches einfacher. So wird der Tod eines Anderen zum Umweg, den unterlassenen Suizid stellvertretend zu begehen, und das Urteil der Wertlosigkeit des Lebens dennoch zu exekutieren. Ermöglicht wird dieser Schritt durch die Identifikation eines besonderen Lebens als lebensunwert.

Der Nihilismus überließ sich in dem historischen Moment der auch nach dem Ende seiner Dogmen von der transzendenten Ontologie des Christentums noch ausstrahlenden Suggestion zur Selbstverneinung des Menschen ganz, in dem auch die kultivierte Welt sich als schlecht und verwerflich erweist. Der ideologisch begründete Mord der totalitären Systeme ist die Ausweghandlung der Selbstlosen, die unfähig sind, ihren lebensverneinenden Selbsthass durch Selbsttötung zu vollenden. Dieser Mechanismus lauert in jedem Akt einer politischen Identifikation, die den Ausschluss der ›Anderen‹ aus der Gemeinschaft zur Folge hat, die seinen Bestimmungen nicht entsprechen.

Alles ist vom Übel. Das heißt, alles Sein ist vom Übel. Daß überhaupt etwas vorhanden ist, ist vom Übel. Was da ist, birgt in sich den Zweck des Übels. Das Dasein ist vom Übel und zum Übel erkoren. Zweck des Alls ist das Übel. Die Einrichtung, die Beschaffenheit, die gesetzmäßige und natürliche Bewegung des Universums sind nichts als Übel und dienen nichts anderem als dem Übel. Es gibt kein Glück, als nicht zu sein. Gut ist nur, was nicht ist. Das Sein ist nur gut, wenn es nicht ist; denn alles Sein ist schlecht. Alles Vorhandene, die Gesamtheit der vielen vorhandenen Welten, das Universum sind, metaphysisch gesprochen, nicht mehr als ein Nichts, als ein Staubkorn (Giacomo Leopardi, *Gedichte und Prosa*, 192).

Gegen diese totale Weltverneinung, wie Leopardi sie in seinem *Zibaldone* ausspricht, muss sich der Lebenswille regen, den kein Gedanke auszusetzen vermag. Die äußerste Konsequenz ihrer übergreifenden Steigerung zur Brechung der Lebenslust weist er in dessen »Schlußwort« selbst zurück. *Meine Philosophie macht die Natur für alles Unheil verantwortlich, sie spricht den Menschen von jeder Schuld frei und richtet ihren Haß und ihre Klage gegen den eigentlichen Grund, gegen die wirkliche Urheberin des Unglücks aller Lebewesen* (*Gedichte und Prosa*, 244).

Aus der Anfechtung der Selbstverneinung kehrt das Bewusstsein als Funktion des Lebens gestärkt zurück, und die Weltverneinung, die sie auslöste, weckt den Widerstand des Daseinswillens: der Mensch verneint die *Welt*, um *sich* bejahen zu können. Die Verneinung durch die Welt festigt schließlich nicht nur den Willen, zu leben, sondern mehr noch die Gewissheit der Würde des Menschen. Weil unser Dasein *als* Menschen zu nichts bestimmt *ist*, können wir nicht nur, sondern müssen wir ihm Bestimmungen geben.

Anderthalb Jahrhunderte später hat die Gewichtung in dieser Manifestation des spezifisch neuzeitlichen Bewusstseins sich in ihr Gegenteil verkehrt. Die Ausbeutung der wieder zur ›Natur‹ gewordenen Welt lässt nun den Menschen als Urheber allen Übels erscheinen. Ihre Folgen erweisen die Weltaneignung als Praktik jener Selbstverleugnung, die sie überflüssig machen sollte, indem sie seine Daseinsmöglichkeit bedrohen.

Als Elementarmerkmal des Menschlichen bestimmt die Fähigkeit zur Selbstverneinung Anthropologie dazu, Erforschung der Fähigkeit zur Selbstauslöschung zu sei. So fand Albert Camus, der Suizid sei das einzige Problem der Philosophie; sah Ernst Jünger in dessen Möglichkeit eine Garantie persönlicher Freiheit und den Rückhalt für ihre Behauptung: *Die Möglichkeit des Selbstmordes gehört zu unserem Kapital* (*Blätter und Steine*, »Epigrammatischer Anhang«, Nr. 81, 226). Nur der Unfreie, dessen Leben Dienst für Andere ist, spricht die Allerweltsformel der Unterwürfigkeit: ›Man muss ja leben‹.

Aber ein Mensch kann nicht nur sein eigenes Dasein in Frage stellen und auslöschen. Das individuelle Vermögen der Daseinsverneinung ist *als* ein menschliches ebenso ein die Gattung betreffendes. Mit der Entwicklung der Atomwaffen, deren Bestände seit langem ausreichen, die Menschheit weitgehend, wenn auch sicher nicht vollständig, auszulöschen, schließlich mit den Folgen der weltumspannenden Zivilisation des Raubbaus an der Welt, der ihre natürlichen Daseinsgrundlagen immer schneller immer umfassender zerstört, hat die reale Geschichte zum ersten Mal eine metaphysische Idee beglaubigt. Die ›anthropofugale‹ Neigung der Menschheit ist unübersehbar geworden (Ulrich Horstmann, *Das Untier*).

Auch dahinter steckt die prekäre Logik der Identität. Es ist das Sosein des Menschen der industriellen Zivilisation, die zur Weltzivilisation wurde, und das Beharren darauf, nur sie gewähre die Erfüllung des Menschseins, kurz, das Festhalten des zivilisierten Menschen der Neuzeit an seiner Identität, was sein Dasein gefährdet. Die Möglichkeit auch eines künftigen Menschenlebens zu bedenken und zu begründen, worin Hans Jonas die letzte Aufgabe der Philosophie sehen wollte, setzte nicht nur voraus, die Möglichkeit des gewählten Nichtseins im Denken auszuschließen, sondern im Handeln. Beides aber ist dermaßen aussichtslos, wie der Mensch das Wesen *ist*, das sich verneinen kann.

Nun muss aus einem Können kein Müssen folgen. Wie wir uns verneinen können, so können wir es auch unterlassen. Auch zum Neinsagen lässt sich Nein sagen. Woraus die andere Aufgabe der Philosophie folgt, das Dasein auf seine Zustimmungsfähigkeit trotz allem hin zu bedenken. Dann heißt Menschsein, die ihm eingeschriebene Möglichkeit, das Nichtsein zu wählen, auszuschließen. Dann wird das Eigensein des Einzelnen zur Manifestation der verwirklichten Gegenmöglichkeit zum Nicht-Sein-Können. Zum ontologischen Urteil: es ist besser, zu leben, als, nicht zu leben. Daraus, dieses Urteil für begründet zu halten aber folgt keine Pflicht, zu sein. Auch das Gute lässt sich verneinen, zugunsten eines noch Besseren, wie unbekannt dessen erwünschte Wirklichkeit auch sein mag.

Gründe für diese Wahl nicht nur zu benennen, sondern erlebbar zu finden, muss jedoch in dem Maße schwieriger werden, in dem es schwerer fällt, die Bewohnbarkeit der Welt sicherzustellen.

Eine der unentbehrlichen Bedingungen dazu ist die Kontrolle jenes Instrumentes, das die aus Wissenschaft und Technik amalgamierte Zivilisation ermöglichte, der Definition. Indem sie feststellt, was etwas ist, und nichts anderes in unveränderlicher Stabilität, ist sie ein Akt der Verneinung. Anhand der Lektüre von Balzacs Erzählung »Sarrasine« hat Michel Serres eine Kritik der Kritik als Verwerfung der Definition entwickelt. Als künstlicher Hermaphrodit ist ihr Protagonist als männlicher Kastrat, der als Frau auftritt, das Modell einer Identität ohne Eindeutigkeit. Die reale Doppelgeschlechtlichkeit, zugleich Mann und Frau zu sein, setzt das Entweder-Oder der Logik außer Kraft. Die Identität des Androgynen ist die Einheit des Unterschiedenen. Als *Inbegriff der Einschließung* (Serres, *Der Hermaphrodit*, 72) ist er der leibhaftige Einspruch gegen die Logik des Ausschlusses. Er ist das Dritte, das diese nicht zulässt. Seine körperliche Verfassung belegt, dass die Eindeutigkeit die Ausnahme von der Regel einer in Männlich und Weiblich gespaltenen Geschlechtsidentität ist, und nicht umgekehrt. Der Embryo besitzt die Anlage zur Entwicklung sowohl des einen wie des anderen Geschlechts. Die kulturelle Regel eindeutiger Festlegung ist nur unter dem Kriterium der Fortpflanzungsfunktion der Sexualität unabdingbar.

Definieren Sie nicht. Die Kritik verwendet nur negative Operatoren. Die Schöpfer kombinieren, addieren, summieren, schneiden, zerlegen den Text, entflechten, analysieren, zerstören. […]. Die kritische Philosophie herrscht über das Reich des Negativen, die Fruchtbarkeit des Werkes erwächst aus dem Positiven, ohne Reich und Herrschaft, ohne Dominante und ohne Widerspruch (a.a.O., 69). Für ein der Vielgestaltigkeit des Menschlichen entsprechendes Konzept von Identität bedeutet dies, auf die Geste der Verneinung verzichten zu müssen. *Ein System setzt für gewöhnlich die Ausschließung jener Nicht-Ausschließung voraus, die eine Voraussetzung der Mischung ist. Es weiß nichts von der Kunst der Einschließung und will, daß alle Wahrheit Unterscheidung oder Widerspruch erfordert. Die Dialektik bringt diesen Widerspruch ins Spiel, und die Analytik sucht das Streitgespräch.*

Am Sänger(in)-Kastraten Zambinella erweist sich die Gewalt der Geschlechtsfixierung. Der Jüngling, der singt, wie nur eine Frau es kann, darf nicht Mann werden, um der vollendete Sänger zu sein, der er sein soll. *Das Geschlecht verweist auf die gleiche Geste wie die Distinktion: sich auf Trennung und Schnitt verstehen. Dort herrscht das phallische Gesetz. Und wenn das Geschlecht zu kastrieren soviel bedeuten würde wie: den Schnitt abschneiden?* (a.a.O., 78. – Zu Balzacs Erzählung »Sarrasine« im Kontext von Biopolitik und Anthropoietik vgl. Steffens, »Politik als plastische Chirurgie«). Das Drama des Intersexuellen, der beides ist, was nur als dieses oder jenes existieren soll, ist der Zwang zur Wahl, wie das des Transsexuellen, im falschen Körper gefangen zu sein. Wie jenen die Zwangsexekution operativer Verfügung der Wahl in der nachgeburtlichen Festlegung eines Geschlechtes seiner Freiheit des Selbstseins beraubt, so verleiht die Geschlechtsumwandlung sie diesem, die ihn von dem Irrtum der Natur befreit, die verwehrte, zu leben, was er ist.

Soll sie eine Kategorie des Menschenmöglichen sein können, bedarf Identität einer anderen Dialektik. Einer, die das Widerstreitende nicht in zwingender Setzung ›aufhebt‹, sondern als Einheit des Verschiedenen zulässt. Adornos *Negative Dialektik* hat sie begründet. Wie es Gerechtigkeit nur im Verzicht auf Urteil und Verurteilung geben kann, so die authentische Identität eines ›Selbst‹ nur im Verzicht auf den Ausschluss des Anderen im Selben.

Mensch ohne Eigenschaft

Der Neutrale

Nah hab den Nächsten ich nicht gerne:
Fort mit ihm in die Höh und Ferne!
Wie würd er sonst zu meinem Sterne?
Friedrich Nietzsche, »Der Nächste«
Die fröhliche Wissenschaft
»Vorspiel in deutschen Reimen«, *I, 30*

Zu den ungelösten Problemen der Moderne gehört die Nähe. Erzwungene Einschränkungen, einander zu begegnen, wie das Abstandsgebot als Mittel einer Pandemiebekämpfung, lässt die Nähe als einen hohen, weil entbehrten Wert empfinden. Die Sehnsucht nach ihr, die die Aussetzung der Berührung des Nächsten weckt, offenbart, wie sehr die Mentalität der sich längst für nachmodern haltenden Menschen von jener Romantik durchdrungen geblieben ist, für die die Intimität als vitales Bedürfnis exklusive Erfahrung erfüllten Daseins war, und die berührte Haut die Zone ihres Erlebnisses. In der nächsten Nähe des Anderen erleben wir, dass wir Körper nicht haben, sondern sind. In der Sehnsucht nach Berührung, in den flüchtigen Akten der Zärtlichkeit und den intensiven der Sexualität, und den Gesten der Zuwendung bis hin zum einfachen Handschlag als Symbol gegenseitiger Harmlosigkeit, spüren wir, was wir nicht mehr wussten, und uns die Entzugserscheinungen als Folge der Quarantänen in der Pandemie neu lehren.

Die jederzeit mögliche Nähe aber ist auch das ebenfalls jederzeit zu Vermeidende. Wer ganz bei sich sein will, darf niemanden zu lange zu nahe an sich heranlassen. Nichts wirkt ferner, als das Zu-Nahe.

Die Umkehrung dessen, was Benjamin als ›Aura‹ als Inbegriff der Wirkung des Kunstwerkes bestimmte: die *Erscheinung einer Ferne, so nah sie sein mag* (»Das Kunstwerk«, 15), ergibt die genaue Bestimmung des Fremden als Relation von Nähe und Ferne. Der Fremde ist die Anwesenheit einer Nähe, die als Ferne erscheint. Eine Ferne, die zum Greifen nahe ist.

Das Ferne aber, das in der eigenen Nähe erscheint, wirkt unwirklich. Sein Auftreten weckt die Thomas-Geste der Ungläubigkeit; der handgreiflichen Vergewisserung der Anwesenheit des nur als in der Ferne Existierenden als wirklich Angenommenen, und der Sitznachbar im Zug greift mit der Übersprungshandlung ungläubigen Staunens über die Anwesenheit des nur in unbestimmter Ferne für wirklich Gehaltenen ins exotisch krause Haar des neben ihm sitzenden Fremden.

Die Erfahrung der Nähe als des Zu-Nahen hat Georg Simmel mit seiner *Philosophie des Geldes*, die zum Jahrhundertwechsel 1900 erschien, zum Begründer einer Soziologie der Beziehungen werden lassen. In der Moderne wird die Urbanität für immer mehr Menschen zur Lebensform. Zu ihr gehört der Zwang zur Nähe. Das Elend in der Enge der proletarischen Mietskasernen, in denen die während der forcierten Industrialisierung Deutschlands nach der Reichseinigung 1871 explosionsartig wachsende Stadtbevölkerung lebte, wurde zum auffälligsten Symptom der modernen Sozialgeschichte, dessen politische Folgen bis in die Zersetzung der Weimarer Republik hinein reichen sollten.

Die auf dem Geldverkehr beruhende gesellschaftliche Ordnung der kapitalistischen Wirtschaft führt gleichzeitig zu einer allgemeinen Distanzierung. *Denn er legt eine Barriere zwischen die Personen, indem immer nur der Eine von zwei Kontrahenten das bekommt, was er eigentlich will, was seine spezifischen Empfindungen auslöst, während der andere, der zunächst nur Geld bekommen hat, eben jenes erst bei einem Dritten suchen muß.* So entsteht *eine innere Schran-*

ke zwischen den Menschen, die aber allein die moderne Lebensform möglich macht. Denn das Aneinander-Gedrängtsein und das bunte Durcheinander des großstädtischen Verkehrs wären ohne jene psychologische Distanzierung einfach unerträglich. Daß man sich mit einer so ungeheuren Zahl von Menschen so nahe auf den Leib rückt, wie die jetzige Stadtkultur mit ihrem kommerziellen, fachlichen, geselligen Verkehr es bewirkt, würde den modernen, sensiblen und nervösen Menschen völlig verzweifeln lassen, wenn nicht jene Objektivierung des Verkehrscharakters eine innere Grenze und Reserve mit sich brächte. Die entweder offenbare oder in tausend Gestalten verkleidete Geldhaftigkeit der Beziehungen schiebt eine unsichtbare, funktionelle Distanz zwischen die Menschen, die ein innerer Schutz und Ausgleichung gegen die allzugedrängte Nähe und Reibung unseres Kulturlebens ist (Simmel, *Philosophie des Geldes*, 664 f.). Während die Lebensformen immer engermaschig und verzahnter werden, werden deren gegeneinander abgegrenzte Beziehungen immer weitermaschig und abstrakter.

Simmels Befund gilt ein Jahrhundert später nicht nur unverändert, sondern noch gesteigert. Unter der Herrschaft des allumfassenden Gesetzes unablässiger Zunahme der Quantitäten hat die Problematik, die er beschreibt, stetig zugenommen. Die Sehnsucht nach Distanz ist der unentbehrliche Gegenpol zur Sehnsucht nach Nähe. Nur als erwünschter, nur als Akt einvernehmlicher Intimität, ist direkter Kontakt Bedingung erfüllten Daseins; unerwünscht, ist die Berührung durch einen Fremden, einen Fernen, der zu nahe rückt, eine Belästigung, ein Angriff. Mehr noch: Ursprung gewaltbereiter Feindschaft. Schon in der Nachbarwohnung kann sie einen erwarten.

Die bloße Anwesenheit des ›Nächsten‹ ist neutral. Über deren Qualität entscheiden zwei Faktoren: das Maß des Abstands, in dem er sich zu einem ›Ich‹ befindet, und die Zustimmung zu diesem Maß, oder dessen Ablehnung. Beider Grad bewegt sich auf einer Skala, deren Pole Anziehung oder Abstoßung sind. In maximaler Steigerung ihrer Gefühlsqualität: Liebe oder Hass.

Auf Langstreckenflügen, in den Rushhours der Megalopolen erfährt der vermeintlich nachmoderne Mensch, wie modern er noch ist. Mehr noch: dass er in der sich verdichtenden Welt der ›Globalisierung‹ gezwungen wird, täglich moderner zu werden. Dermaßen, wie sich das Bedürfnis nach vermiedener Nähe immer schwerer erfüllen lässt. Die unvermeidliche Nähe wird zum Horror der geballten Massen der milliardenfachen Bevölkerung einer Weltgesellschaft, die die Freiheit grenzenloser Begegnungsmöglichkeit konterkariert. Unter den Viel-Zu-Vielen wird es für den Einzelnen immer schwieriger, sich den Wenigen zuzugesellen, die das eigene Dasein tragen und bereichern. Die Daseinsmöglichkeit und -zustimmung stiftende exklusive Nähe weniger in Familie, Freundeskreis und Liebesbeziehung gelingt nur noch, indem die Aufdringlichkeit der Viel-zu-Vielen fern gehalten wird, die immer massiver in nächste Nähe drängen. Einfach, weil sie da sind. Ohne jede Absicht. Und mit demselben Recht, das jeder in der Bedrängnis der Enge im Affekt des Distanzbedürfnisses, das sie weckt, für sich selbst als exklusiv in Anspruch nimmt.

Dem entspricht die Ersetzung persönlicher Freundschaft und Intimität durch Teilhabe an der virtuellen Massenkommunikation, die scheinbare Nähe bei tatsächlicher Distanz ermöglicht. Das abwesend Ferne wird in freier Wahl seiner Zugänglichkeit als nah empfunden, obwohl es nicht da, sondern in einem unbekannten Anderswo ist.

Während das Bedürfnis nach Distanz wächst, gibt es für immer mehr Menschen immer weniger Platz in der Welt. Dieser eigene Platz aber ist die Bedingung dafür, dass man *als* Einzelner in ihr existieren kann: im Bewusstsein einer einzigartigen, von allen Anderen unterschiedenen, unverkennbaren Existenz. In der Topologie des wirklichen, dreidimensionalen Raumes, den die individualistische Gesellschaft einnimmt, ist das ›Ich‹ der von einer Existenz besetzte Ort, dessen Unbestreitbarkeit ihm Daseinssicherheit verbürgt. So befremdlich die sozialgeschichtlich überholte Beschreibung dieses Ortes als ›Verwurzelung‹ im *Boden der Heimat* auch anmutet (Heidegger, *Gelassenheit*, 16), so zutreffend ist sie als sozialontologische Bestimmung.

Wo ›Ich‹ ist, kann kein ›Anderer‹ sein (vgl. Thorsten Krämer, »Vergessen wir nicht: den Übernächsten«). Der *andere ist dort, wo ich sein könnte, wenn ich mich fortbewegte: die Phantasie läßt also das ›dort‹ für mich mit dem ›hier‹ für ihn zusammenfallen* (Paul Ricœur, *Wege der Anerkennung*, 199). Diese Möglichkeit des Ortswechsels gilt zwar prinzipiell für beide. Wie das ›Ich‹ sich als anderswo anwesend, also den Ort eines Anderen besetzend vorstellen kann, so lässt sich vorstellen, dass der Andere sich in Bewegung setzt, und sich an ›meinen‹ Ort begibt. Diese doppelte Möglichkeit begründet jedoch keine Gegenseitigkeit. Während ›Ich‹ für mich selbstverständlich in Anspruch nehme, einen Ort nach Belieben zu besetzen, wie es die allsommerlich rund um die Welt einfallenden Touristenhorden demonstrieren, gilt das für den Anderen nicht. Der Andere ist der, der bleiben soll, wo er an seinem Ort ist.

Seine mögliche Anerkennung als Teil der eigenen Gemeinschaft beruht auf der Gewissheit, dass er seinen eigenen Ort besitzt, an dem er ebenso ›Ich‹ sein kann wie die Anderen an dem ihren, zu dem er in die gebotene Ferne zurückkehren kann, sollte er einem Anderen zu nahe gekommen sein. Jeder Raum aber ist begrenzt. Der Raum einer stetig wachsenden Gesellschaft ist ohne gewaltsame Ausdehnung auf das Territorium einer anderen jenseits der ihre Integrität umfassenden Grenzen nicht sicherzustellen. Ihre Demographie gewährleistet im Ausgleich von Geburten und Todesfällen die konstante Verfügbarkeit von Existenz-Orten, die von ihren Angehörigen besetzt werden können. Mit der Störung dieses Gleichgewichtes durch ortlose Zuwanderer verkleinert sich der gesellschaftliche Raum. Wenn nicht tatsächlich, so doch im Empfinden der Anwesenden, die sich als bedrängt erleben. Die Existenzorte rücken näher zueinander, dermaßen, wie zusätzliche Existenzen ihren Ort in ihm beanspruchen und besetzen. Als Folge dieser topographischen Verdichtung nimmt die Möglichkeit der Distanzwahrung ab. Und mit ihr die Bereitschaft zur Anerkennung der Anderen als Teil des eigenen gesellschaftlichen Daseins-Raumes.

Der in geringster Entfernung anwesende Andere kann nur dermaßen als ein ›Du‹ Anerkennung und Achtung finden, wie seine Nähe lediglich eine wählbare Nähe ist, und die Möglichkeit seiner Entrückung in Ferne weiterhin besteht. ›Nächster‹ kann nur sein, wer es nicht sein *muss*: unter der Voraussetzung ausreichenden Raumes zwischen allen, die ihr ›Ich‹ unbehindert manifestieren wollen. Nah können die voneinander Verschiedenen nur sein, wenn sie einander so fern bleiben können, wie sie wollen und müssen, um sich ihres eigenen Ortes sicher zu sein. Virginia Woolfs Wunsch nach einem ›eigenen Zimmer‹ ist nicht nur eine frühe Parole weiblicher Emanzipation. Er gibt eine individuelle Formel für die sozialontologische Elementarbedingung, man selbst nur in einem umgrenzten Raum sein zu können, zu dem Zutritt nur hat, dem man ihn gewährt.

Noch lästiger als ein Gast, der zu früh zum Fest erscheint, ist nur der, der zu lange bleibt. So kann selbst der enge Freund, der die Taktlosigkeit begeht, sich unangemessen lange im Binnenraum eines Daseins-Ortes aufzuhalten, zur Störung werden. Das macht ihn zum Prototypen des ›Fremden‹. *Es ist also der Fremde nicht der […] Wandernde, der heute kommt, und morgen geht, sondern [als] der, der heute kommt, und morgen bleibt – sozusagen der potentiell Wandernde, der, obgleich er nicht weitergezogen ist, die Gelöstheit des Kommens und Gehens nicht ganz überwunden hat. Er ist innerhalb eines bestimmten räumlichen Umkreises – oder eines, dessen Grenzbestimmtheit der räumlichen analog ist – fixiert, aber seine Position in diesem ist dadurch wesentlich bestimmt, daß er nicht von vornherein in ihn gehört, daß er Qualitäten, die aus ihm nicht stammen und stammen können, in ihn hineinträgt. Die Einheit von Nähe und Entferntheit, die jegliches Verhältnis zwischen Menschen enthält, ist hier zu einer, am kürzesten so zu formulierenden Konstellation gelangt: die Distanz innerhalb des Verhältnisses bedeutet, daß der Nahe fern ist, das Fremdsein aber, daß der Ferne nah ist* (Simmel, »Exkurs über den Fremden«, 509).

Diese Bestimmung des Fremden als der Ferne, der in die eigene Nähe kam, ohne einem als bestimmte Person nah zu sein, und nicht mehr in ›seine‹ Ferne zurückkehrt, hat zur wichtigsten Folge, dass der Fremde in seiner Eigenschaft, einen bereits besetzten Ort nun mitzubesetzen, seine Individualität verliert. Einmal als Fremder identifiziert, wird er nicht als das andere ›Ich‹ wahrgenommen, das er ist, sondern lediglich als Verkörperung der Fremdheit. *Darum werden die Fremden auch eigentlich nicht als Individuen, sondern als die Fremden eines bestimmten Typus überhaupt empfunden, das Moment der Ferne ist ihnen gegenüber nicht weniger generell als das der Nähe* (Simmel, a.a.O., 512).

An die Stelle persönlicher Beziehung tritt eine abstrakte. So vollständig, dass der Fremde kein Mensch mit Eigenschaften, keiner mehr ist, der anders ist, sondern seine Eigenschaft, die ihn am stärksten unterscheidet, zu seiner Bestimmung, er zum ausschließlich Anderen wird: ein schwarzer Mensch wird zu *dem* Schwarzen, ein jüdischer zu *dem* Juden.

In dieser Verwandlung einer Person in die Verkörperung einer unterscheidenden Eigenschaft lauert die Entmenschlichung des Fremden. Er ist kein anderes ›Ich‹ mehr mit anderen Eigenschaften, sondern ein Etwas geworden, das das eigene ›Ich‹ bedroht, indem es dessen Ort mitbesetzt. So entsteht der ›Feind‹. An ihm wird keine der Eigenschaften mehr wahrgenommen, die ihn zu der Person machen, die er ist, sondern nur noch die eine, als Anderer eine mögliche Bedrohung zu sein. Deren Erwartung, die der Fremde auslöst, indem er zu nahe rückt, lässt die latent selbstverständliche

Selbstgewissheit dessen, der nun um seinen Existenzraum zu fürchten beginnt, in die Überwertigkeit exklusiver Identitätsbehauptung umschlagen, indem die Eigenschaften, die ein ›Ich‹ auszeichnen, zu der einen elementaren des puren Existierens zusammenschießen. Aus verschiedenem So-Sein wird konkurrierendes Überhaupt-Sein: Wo ›Ich‹ bin, kann kein Anderer sein, weil ›Ich‹ nur dort *sein* kann. Hinter der Verwandlung des Anderen auf der Skala zwischen dem Fremden und dem Feind steckt die tiefenpsychologische Suggestion, man könne nur dort überhaupt sein, wo man hingehöre: am angestammten Ort, in aller Regel dem von Geburt und Herkunft. Inbegriff dieser Suggestion ist die ›Heimat‹.

Die Gleichsetzung des einen mit dem anderen, des Fremden mit dem Feind, ist der Grenzwert der jede Lebensgemeinschaft von Menschen begründenden prinzipiellen Haltung, mit der sie sich von jeder anderen unterscheidet. Kein ›Wir‹ ohne ›Sie‹.

Damit kehrt sie nach außen, was sie selbst im Inneren bestimmt. *Es ist ein Grundzug der Kultur, daß der Mensch dem außerhalb seines eigenen Kreises lebenden Menschen aufs tiefste mißtraut, also daß nicht nur ein Germane einen Juden, sondern auch ein Fußballspieler einen Klavierspieler für ein unbegreifliches und minderwertiges Wesen hält. Schließlich besteht ja das Ding nur durch seine Grenzen und damit durch einen gewissermaßen feindseligen Akt gegen seine Umgebung; ohne den Papst hätte es keinen Luther gegeben und ohne die Heiden keinen Papst, darum ist es nicht von der Hand zu weisen, daß die tiefste Anlehnung des Menschen an seinen Mitmenschen in dessen Ablehnung besteht* (Musil, *Der Mann*, 26). Am stärksten verbindet, was trennt. Weshalb Konflikte zwischen Verschiedenen untrennbar zu einer Gemeinschaft von Menschen gehören. Sie abzuschaffen, vermag keine Politik; wohl, sie so austragen zu lassen, dass sie den Bestand der Gemeinschaft nicht gefährden.

In seiner 1952 für die UNESCO verfassten Kritik des Rassismus hat Claude Lévi-Strauss den Befund bekräftigt, und ethnologisch darum erweitert, dass die ihn kennzeichnende Ausgrenzung des Anderen nicht nur aus der eigenen, sondern der Gemeinschaft der Menschen überhaupt, in jeder Kultur auftrete. *Die Menschheit endet an den Grenzen des Stammes, der Sprachgruppe, manchmal sogar des Dorfes, so daß eine große Zahl sogenannter primitiver Völker sich selbst einen Namen gibt, der »die Menschen« bedeutet* (»Rasse und Geschichte«, 369). Ein Mensch ist man fraglos nur dort, wo man ›hingehört‹.

Diese Dehumanisierung des Fremden als Einstellung der ›Wilden‹, von denen man im Zuge der Entdeckung der beiden Amerika und der Südsee erfuhr, erregte im Europa der Aufklärung Erstaunen, ohne den Widerspruch zu bemerken, dass der kulturelle Hochmut, sie deshalb als ›Barbaren‹ wahrzunehmen, nichts anderes bedeutete, als deren Haltung im eigenen abwertenden Urteil über sie zu spiegeln. *In dem Maße, wie man eine strenge Trennung zwischen Kulturen und Sitten festzulegen glaubt, identifiziert man sich um so vollständiger mit denjenigen, von denen man sich gerade abzusetzen sucht* (a.a.O., 370). Die Ablehnung der Anderen ist paradoxerweise das einzige, worin die verschiedensten Kulturen in den Räumen der Erde und den Zeiten der Geschichte einander gleich sind. Das am stärksten Verbindende ist die Kategorie der Trennung: die Unterscheidung des Verschiedenen als Verweigerung von Gleichheit. In verabsolutierender Identifikation mit der Eigenschaft des Andersseins verliert der andere Mensch die Elementareigenschaft, auch ein Mensch zu sein. Die Fixierung einer Eigenschaft zur Substanz läuft in letzter Konsequenz auf die Vernichtung ihres Trägers hinaus. Einmal vollzogen, gibt es kein Zurück. Den Fremden unterwirft dieser Mechanismus der Nötigung, sein Anderssein aufzugeben, und zu werden wie die, die ihn von sich unterscheiden.

Die Abwehr solcher Entmenschlichung des Fremden durch ›Integration‹ ist dadurch begrenzt, dass der Fremde seine Eigenschaft, anders zu sein, nicht selbst ablegen kann. Sie haftet ihm an, solange die Erinnerung dauert, dass er ursprünglich nicht dazu gehörte. Das mündet in dem Paradox, dass umso stärker als Fremder empfunden wird, wer sich am intensivsten und schließlich erfolgreich darum bemüht, nicht mehr fremd zu sein. Vom Integrierten zum Assimilierten fortgeschritten, wird der, dem sein ursprüngliches Fremdsein nicht mehr anzumerken ist, wieder zum nun absolut Fremden, sobald sein verborgen gewesener ursprünglicher Status in Situationen wiederentdeckt wird, in denen er sich als authentischer als diejenigen erweist, denen gleich zu werden er sich bemühte. Zum ununterscheidbar Nächsten geworden, wird der einmal fremd Gewesene zum unversöhnlichen Feind, sobald er die Identität der Gemeinschaft, der er nicht autochthon zugehört, ebenso gut oder gar besser verkörpert als deren angestammte Angehörige.

So konnte es den nach den ›Rassegesetzen‹ des Deutschen Reiches zu Feinden erklärten Juden nichts gegen ihre Verfolgung helfen, dass sie sich im Weltkrieg nicht nur als ›gute Deutsche‹ bewährt, sondern sich so sehr darum bemüht hatten, dass es erscheinen konnte, als wollten sie die ›besseren‹ Deutschen sein, es womöglich gar waren. Assimiliert, übertraf ihr eigenes Deutschtum das allgemeine Maß. Die Überbietung der Maßstäbe der Gemeinschaft, in die der Fremde Eingang findet, deren Teil er werden will, und der er sich zugehörig fühlt, schließt ihn endgültig aus ihr aus. Als Beweis, nun ganz dazuzugehören, erstrebt, wird seine vollkommene Eingliederung zum Beweis des Gegenteils. Der nicht mehr *als* anders Wahrnehmbare wird zum unversöhnlichen Fremdkörper. Der ›Gast, der bleibt‹, muss *als* Gast erkennbar bleiben, um bleiben zu können. Aufgenommen kann nur der Fremde werden, der anders bleibt. Der Zugereiste wird desto schneller und desto unangefochtener zugehörig werden, je weniger er sich darum bemüht, sein Anderssein abzulegen. Erst das Anderssein, das keines mehr sein will, wird zum Problem, weil es nie ganz verschwindet. Nichts ist auffälliger als das Bemühen um Unauffälligkeit.

Gegen diese Paradoxie kommt die Idee des Menschenrechts allein nicht an. Die Achtung des Anderen als Mensch setzt die Anerkennung seiner tatsächlichen Verschiedenheit voraus. Sie hebt diese nicht auf. Die *bloße Proklamation der natürlichen Gleichheit aller Menschen und der Brüderlichkeit, die sie ohne Ansehen der Rasse oder der Kultur vereinigen sollte, ist intellektuell enttäuschend, weil sie die faktische Verschiedenheit übergeht, die sich der Beobachtung aufzwingt und von der man nicht einfach behaupten kann, daß sie das Problem im Kern nicht berühre, so daß man sie theoretisch und praktisch als nicht vorhanden ansehen könne* (Lévi-Strauss, a.a.O., 370).

Der Universalismus des Menschenrechts darf nicht mit einem universalen Menschsein verwechselt werden, das es nicht gibt. Wie die Menschheit eine Idee ist, so differenziert die Existenz ›des‹ Menschen sich in die Vielfalt der Weisen, als Mensch zu existieren. Wer diese Unterscheidung nicht trifft, und deshalb die Verschiedenheit zu beseitigen strebte, müsste in die Gewaltsamkeit des Definierens geraten: des Unterscheidens, welche Unterschiede ein einheitliches und einziges Menschsein zuließe, und welche nicht. Hinter der Idee der Gleichheit lauert der Zwang zum Gleichsein, der Ausschluss des Verschiedenseins.

Genauso unbefriedigend ist die andere Haltung, die zu den heimlichen Maximen der Moderne gehört, die desto stärker wirken, je weniger sie ausdrücklich werden. *Der moderne Mensch schwankt zwischen den beiden Versuchungen, entweder die Erfahrungen, die ihn affektiv stören, zu verurteilen, oder die Unterschiede, die er intellektuell nicht versteht, zu leugnen. Um diesem Dilemma zu entgehen, überläßt er sich Hunderten von philosophischen und soziologischen Spekulationen im Hinblick auf müßige Kompromisse zwischen diesen sich widersprechenden Extremen und versucht, sich die Verschiedenheit der Kulturen begreiflich zu machen, indem er alles unterschlägt, was er daran als skandalös und schockierend empfindet* (a.a.O., 371).

In der angebrochenen Epoche einer weltumgreifenden Migration steigert diese Problematik der elementaren anthropologischen Dialektik, für jede Art von Selbstgewissheit auf den Bezug auf ein ›Anderes‹ angewiesen zu sein, sich zu einer potentiell allgegenwärtigen. Die einst Fernsten, denen man in ihrem Unglück durch Spenden für humanitäre Hilfsorganisationen im sicheren Besitz des eigenen Ortes bereitwillig zu Hilfe kommen konnte, rücken in eine Nähe, die dazu zwingen will, sie als jene ›Nächsten‹ wahrzunehmen, zu denen die christliche Ethik Europas kulturell verpflichtet. Aber der Allzu-Nahe verwandelt sich nicht in den Nächsten, sondern wird zu dem, der gar nicht weit genug entfernt sein kann. Nur wer einem fern bleibt, kann uneingeschränkt aus sicherer Distanz als der Nächste empfunden und aus der Ferne als solcher behandelt werden. Das Asylantenheim in der Nachbarschaft aber sprengt die Topologie des eigenen Daseinsraumes. Die ökonomisch ebenso saturierte, wie sich immer kleinermaschig verdichtende Gesellschaft wird in der direkten Konfrontation mit den Heimatlosen, den Vertriebenen und Flüchtlingen noch einmal zu jenem ›Volk ohne Raum‹, dessen Ideologie den Weltkrieg Deutschlands legitimierte, dessen Ergebnis drastischer Raumverlust und Teilung seines Rumpfreiches war, als deren Folge es vierzehn Millionen Flüchtlinge aus den verlorenen Ostgebieten aufzunehmen hatte. Der Zwang, zusammenzurücken, machte aus Landsleuten Fremde, und setzte sie allen Arten von Ausgrenzung, Verachtung und Diskriminierung aus. So sehr die Aufhebung der Ferne in Freizügigkeit und Mobilität gelebte Freiheit ist – deren Vorenthaltung ein wesentlicher Grund für die Delegitimierung der DDR war, die mit ihrem ökonomischen Scheitern zu ihrer Auflösung führen musste –, so sehr wird sie zur Empfindung ihrer Bedrohung, sobald diejenigen, die ihrerseits von ihr Gebrauch machen, ihre Ferne verlassen, und in die eigene Nähe rücken.

Nach diesem sozialontologischen Mechanismus der Ent-Fernung des Anderen droht mit der sich beschleunigt vollendenden ›Globalisierung‹ eine schleichende Evolution in den Weltbürgerkrieg. Preis einer ›Weltgesellschaft‹ wäre die Verwischung der inneren Strukturen der bestehenden Gesellschaften in ihrer gewachsenen Topografie. Die Verdichtung der Gesellschaft durch Bevölkerungswachstum, Migration und Zuwanderung kann als Schwund der in ihr besetzbaren Existenz-Orte nur dann erträglich bleiben, wenn es gelingt, zwischen ihren einander immer näher rückenden Angehörigen Zonen der Neutralität aufrechtzuerhalten, indem ein Minimum an Ferne gewährleistet wird. Der Nächste ist nicht der, zu dem es keinen Abstand mehr gibt, sondern der, dessen Abständigkeit gerade noch so groß ist, dass seine Anwesenheit erträglich bleibt, und wünschbar werden kann. *Der Ausdruck ›Nächster‹ bezeichnet den Superlativ eines Minimums: die kleinstmögliche Distanz* (Michel Serres, *Atlas*, 247).

Die Ent-Fernung darf ein (un)bestimmtes Maß nicht überschreiten. Zivilisierung und innerer Friede beruhen auf dem Paradox, dass die einander Nahen sich so fern bleiben können, wie sie es brauchen, um sich in ihrem Eigensein nicht bedroht zu fühlen. Ent-Fernung aber ist die alles umfassende Dynamik der modernen Gesellschaften, beschleunigt auf ihrem Weg in die Weltgesellschaft. Ohne eine Kultur der aufrecht erhaltenen Ferne der einander immer Näheren wird die Fremdenfeindlichkeit, die umstandslose Bestimmung des einem aufdringlich werdenden Anderen, als soziale Klaustrophobie zum vorherrschenden Merkmal der Weltgesellschaft werden.

Je ferner der Andere, desto mehr kann er in der Abstraktion eines umfassenden Humanismus' als Gleicher unter Gleichen, als Mensch ›wie Du und Ich‹ anerkannt werden. Gleich können wir einander nur als Idee und aus der Ferne sein; je näher wir einander rücken, desto verschiedener werden wir, indem die tatsächlichen Unterschiede unübersehbar werden. In der Nähe zeigt sich, was uns unterscheidet. Die konkrete Anwesenheit des Anderen offenbart seine Verschiedenheit, und widerlegt die Idee seiner Gleichheit. Im Prozess der Verdichtung zu der ›einen Welt‹ wird die Existenz des Einzelnen als Besetzung ›seines‹ Ortes in der Welt tendenziell utopisch. Der nah gerückte Fremde ist ortlos. Jeder wird nur noch sein können, wenn er es in der ubiquitären Konkurrenz aller um diese besetzbaren Daseinsorte überall sein kann. Die Verdichtung der Welt als globaler Raum zwingt zur Detopologisierung des ›Ichs‹. Sich zu behaupten, wird der Bereitschaft und der Fähigkeit zur Renomadisierung bedürfen. Die nomadische Existenz wird zur Daseinsform in der einen, grenzenlosen Welt allumfassender Konkurrenzen. Dasein und Ort sind nicht mehr aneinander gebunden.

Das *Miteinander des Verschiedenen*, das Adorno in seiner Kritik des Identitätsdenkens als Utopie einer Gesellschaft beschrieb, in der es den Zwang zur Gleichheit der Ungleichen unter dem Gesetz des durch Geldverkehr geregelten Warentausches, der das Ungleiche behandelt, als wäre es gleich, nicht mehr gäbe, ist zur Bedingung einer Weltgesellschaft geworden, die unter den Zwängen der globalen Tauschökonomie entsteht. *Der versöhnte Zustand annektierte nicht mit philosophischem Imperialismus das Fremde, sondern hätte sein Glück daran, daß es in der gewährten Nähe das Ferne und Verschiedene bleibt, jenseits des Heterogenen wie des Eigenen* (Adorno, *Negative Dialektik*, 153; 192).

Das ›Neutrale‹ bezeichnet als ›regulative Idee‹ im Sinne Kants eine Zone, in der Verschiedene aufeinandertreffen, ohne in Konflikt miteinander zu geraten. Vor allem aber, ohne von ihrer Nähe dazu genötigt zu werden, anders, oder mit Anderen gleich zu werden. Die Bedingung dafür, unerwünschte Nähe auszuhalten, die der ›Fremde‹ ebenso empfindet, wie der ›Einheimische‹, in dessen unmittelbare Nachbarschaft er gerät, ist nicht die Überwindung ihrer Unterschiede als Erfüllung des Gleichheitsgebotes, sondern deren Aufrechterhaltung. Nur der Andere, der nicht gleich wird, kann zum Miteinander zugelassen werden.

Der physische Körper läßt sehen, was und wie wir es kennen. Er ist die Vereinfachung der Weltthematik. Es kommt also nicht nur darauf an, von dem anderen selbst Erfahrung zu haben oder haben zu können, sondern ihm auch seinen Platz in ein und derselben Welt einzuräumen, was im strikten Sinne nur heißen kann, ihm zuzugestehen, daß er ein und dasselbe auf seiner Position wahrzunehmen vermag wie ich (Blumenberg, »Intersubjektivität als Allgegenwartsersatz?«, 202). Nicht aber, diese Position in der Topologie des gemeinsamen Weltraumes als dieselbe seinerseits zu besetzen. Gemeinsam ist ausschließlich, durch bloße Anwesenheit als ein Seiendes in der Welt, einen Ort in ihr zu haben, der jeweils dort ist, wo wir uns gerade befinden. Aber er ist kein gemeinsamer Ort, den es nur in der gewählten Intimität zweier Personen gibt. Dass die Besetzung jedoch prinzipiell durch Verdrängung möglich ist, ist Ursprung der Feindlichkeitserwartung und der mögliche Feindschaft abzuwehren gedachten eigenen Bereitschaft zur Feindseligkeit. Je ferner der Andere, desto sicherer bleibt der Raum gleichzeitiger Anwesenheit für Alle, die sich in ihm befinden.

Wie sehr die Nähe das Aufkeimen des Hasses als Erwartung der Feindseligkeit begünstigt, zeigt sich noch in der Situation der erwünschtesten nächsten Nähe. *Ein Kampf, der sich auf der Basis einer Einheit und Gleichheit erhebt, pflegt in vielerlei Fällen leidenschaftlicher und radikaler zu sein, als wo er keinerlei vorhergehende oder gleichzeitig bestehende Zusammengehörigkeit der Parteien vorfindet* (Georg Simmel, »Der Mensch als Feind«, 339 f.). Kein Krieg ist so grausam und unbarmherzig wie der Bürgerkrieg, der ausgetragene Hass zwischen Nächsten, die einander fremd sind, es als Nächste aber nicht sein sollen. Je stärker die Enge in einer Gemeinschaft als Zwang zur Gleichheit empfunden wird, desto rigider wird der Anspruch auf Unterscheidung.

Zu erfahren, *daß auf dem Boden der verwandtschaftlichen Gemeinsamkeiten sich ein stärkerer Antagonismus erhebt als unter Fremden* (a.a.O., 340), droht jedem Liebespaar. In der vierten seiner *Duineser Elegien* hat Rilke es so lapidar benannt, wie eine Selbstverständlichkeit nebenbei ausgesprochen wird. *Uns aber, wo wir eines meinen ganz, / ist schon des andern Aufwand fühlbar. Feindschaft / ist uns das Nächste. / Treten Liebende nicht immerfort an Ränder, eins im andern, / die sich versprechen Weiter, Jagd und Heimat. / Da wird für eines Augenblickes Zeichnung / ein Grund von Gegenteil bereitet, mühsam, / daß wir sie sähen; denn man ist sehr deutlich / mit uns* (19).

Das aber stellt die Liebe nicht in Frage, sondern macht sie möglich. Es zu übersehen, lässt sie scheitern. *Das Unglück des Paares besteht darin, daß es lieber den Haß für die Liebe, den Tod für das Leben gehalten hat und den anderen dasselbe suggerierte, daß es geglaubt hat, die Nähe, das Einswerden, das Fehlen von Unterschied und Distanz seien für die Liebe konstitutiv, während doch schon Empedokles lehrt, daß die Affinität von Gleichem zum Gleichen vom Haß diktiert wird und daß Liebe die Vereinigung der Heterogenen, das Fehlen von Beziehung, die unendliche Trennung impliziert* (Sarah Kofman, *Erstickte Worte*, 45).

Intime Nähe wird nur dann nicht zur Gefahr, wenn die gegenseitige Andersheit der Partner, zu deren momentaner Aussetzung, nicht Überwindung ihre Vereinigung dient, aufrechterhalten bleibt. Deren geteiltes Glück setzt gerade die Verschiedenheit des Allernächsten voraus. Es ist die unwahrscheinlichste aller Erfahrungen, ›einig‹ zu sein nicht nur mit ›etwas‹, das man nicht selbst, sondern das vollständig anders ist. Sexuell beglaubigt, überwindet Liebe die Verschiedenheit der Partner nicht, sondern macht sie gleichgültig für das Wesentliche ihrer Beziehung. Der Streit des Paares, in dem die unaufhebbare Unterschiedenheit aufbricht, endet im ›Versöhnungssex‹, der sie für dessen Dauer aussetzt. In der spontanen Begegnung Fremder ist diese Bedingung am sichersten erfüllt, weshalb sie die intensivste Lust bereiten kann. *Genau das, was trennt und in unüberbrückbarer Distanz läßt (in einer Beziehung, die eine solche Trennlinie aufrecht erhält, daß der andere mit mir weder eine Dualität noch eine Einheit bildet), ist es, was eine authentische Beziehung herstellt;*

die Nähe und die Kraft der Kommunikation hängen von der Kraft der Trennung ab, die Beziehung muß zerbrochen werden, um eine wirkliche Beziehung zu sein, die den anderen auf der anderen Seite läßt; mit ihm vom anderen Ufer aus spricht nur die Fremdheit dessen, was nicht gemeinschaftlich sein kann, begründet die Gemeinschaft (Kofman, a.a.O., 47).

Am wenigsten dazu geeignet, eine Mentalität des Neutralen zu begründen, die Gemeinschaft gewährt, ohne Anderssein aufzuheben, ist dagegen jene ›Ethik des Nächsten‹, die in Europa nach den Katastrophen des 20. Jahrhunderts als ›Allerweltshumanismus‹ (Adorno, »Einleitung«, in: Rudolf Borchardt, *Ausgewählte Gedichte*, 20) eine Renaissance erlebte, und auf die angesichts der humanitären Krisen zu Beginn des 21. Jahrhunderts als Folge einer ersten großen Migrationsbewegung aus dem armen Süden in den reichen Norden des Planeten noch einmal ebenso hilflos wie aussichtslos zurückgegriffen wird. Die identitätsstiftende abendländische Logik des ausgeschlossenen Dritten, nach der jedes ›Ich‹ sich dadurch bestimmt, dass ihm alle anderen als ›Nicht-Ich‹ gegenüberstehen, kollidiert mit der Verdichtung der Welt, die es immer weniger zulässt, dass das ›Ich‹ seine Selbstgewissheit in der unbestrittenen Besetzung seines allein ihm zukommenden Daseins-Ortes gewinnt. In dieser Auflösung der Daseins-Topologie wird es unmöglich, den Anderen, das ›Nicht-Ich‹, als ›Du‹ anzuerkennen, wie es die Ethik des ›Nächsten‹ verlangt. Was nämlich garantiert, dass der zum Nächsten erklärte Andere ›mich‹ ebenfalls als seinen Nächsten anerkennt, und ›meinen‹ Ort mit sich teilt, wie ich den meinen mit ihm?

In einer Skizze zu einer ›Theologie des Nächsten‹, die er aus der biblischen Parabel vom Samariter entwickelt, hat Paul Ricœur den ›Nächsten‹ vom ›Sozius‹ unterschieden. Während den Anderen als Sozius dessen soziale Stellung bestimmt, er ›mir‹ also als eine bestehende Größe entgegentritt, ist der Andere als der Nächste das Ergebnis einer Wahl, die ›Ich‹ treffe. *Das Thema vom Nächsten vollzieht also eine permanente Kritik an der sozialen Bindung: Gemessen an der Nächstenliebe ist die soziale Bindung nie intim, nie umfassend genug. Sie ist nie intim genug, weil die gesellschaftliche Vermittlung nie das Äquivalent der Begegnung, der unmittelbaren Gegenwart, sein kann. Sie ist nie umfassend genug, denn die Gruppe behauptet sich ja nur gegen eine andere Gruppe und verschließt sich in sich selbst. Der Nächste, das ist die doppelte Forderung des Naheseins und des Entferntseins. So war der Samariter: Nahe, weil er näher kam, entfernt, weil er der Nicht-Judäer blieb, der eines Tages einen Unbekannten auf der Straße auflas* (Ricœur, »Der Sozius und der Nächste«, 122 f.).

Der ›Nächste‹ kann der Andere nicht als der sein, der er für sich ist, sondern nur in seiner Anerkennung als solcher durch ›mich‹. Er ist Funktion der Person, die ihn als Nächsten wählt oder zulässt. Bedingung dafür ist die Aufrechterhaltung der minimalen Distanz, derer es bedarf, um sich am eigenen Ort in der Welt unbeeinträchtigt oder gar bedroht zu fühlen. *Die Konstituierung des Phänomens ›der Andere‹ nimmt dann eine paradoxe Wendung: Die Alterität des anderen konstituiert sich, wie jede andere Alterität, i n und a u s mir; gerade als anderer jedoch ist der Fremde für sich selbst als Ego konstituiert, das heißt als Subjekt von Erfahrung ebenso wie ich, ein Subjekt, das seinerseits imstande ist, mich als Teil seiner Erfahrungswelt wahrzunehmen* (Ricœur, *Anerkennung*, 198).

Zum Nächsten wird der Andere durch die Wahl, die einer trifft, der für ihn auf gleiche Art ein Anderer ist. Zum vollendet Nächsten jedoch wird, wer von dem, den er selbst aus seiner Gemeinschaft kategorisch ausgeschlossen hat, behandelt wird, als gäbe es diesen Ausschluss nicht. Davon handelt die biblische Allegorie des ›Samariters‹. Sie *sagt nur wenig über Barmherzigkeit, wie wir immer meinen, aber viel über die gewaltige Entdeckung des einzigen Wunders, das zählt: Dass der Schlechteste der Menschen, der verbannte, verachtete Bandit und Kriminelle, sich menschlich verhält* (Michel Serres, *Atlas*, 240). Statt den Anderen, verwandelt der Fernste sich selbst in den Nächsten, indem er die Schranke absoluter Fremdheit durchbricht, und das Unmögliche tut, und den Angehörigen der Gemeinschaft, die ihn verstieß, behandelt, als gehörte er dazu. In dieser Selbstverwandlung des Fernsten zum Nächsten, als der er nicht zugelassen ist, geschieht die Stiftung der Humanität: der Feind, der keiner sein will, aber dazu bestimmt wurde, wird zum Wohltäter. Das Humane bewährt sich nicht nur, sondern es entsteht inmitten hemmungsloser Unmenschlichkeit, sobald deren Adressat sich weigert, sie zu erwidern, Gleiches mit Gleichem zu vergelten. So, wenn im Krieg Russlands gegen die Ukraine in besetztem Gebiet Zivilisten ihre Häuser verlassen, und hungernde feindliche Soldaten mit Essen versorgen; wenn zum Töten befohlene russische Soldaten ukrainische Zivilisten vor Sondereinheiten warnen, die anrücken, wahllos zu massakrieren. Humanität ist die Verweigerung gebotener Unmenschlichkeit. Die Tat des Samariters ist kein Akt der Nächsten-, sondern der Fernstenliebe, die Nietzsche als Kern einer nachchristlichen Moral bestimmen sollte, indem sie verweigert, was die Situation eigentlich von ihm verlangt.

Da der Andere ebenso ›für sich‹ ist, wie ›Ich‹ es bin, gibt es Gemeinschaft nur als Modus der Verträglichkeit des unerkennbar Verschiedenen. Die Unmöglichkeit, den Anderen in seiner Seinswirklichkeit seinerseits als das ›Ich selbst‹ zu erkennen, das er ist, öffnet die Falle jener Abstraktion, eine seiner wahrnehmbaren Eigenschaften als repräsentative Erscheinung dessen, was er ist, seiner Identität, aufzufassen. Als Grundlage des Verhaltens zu ihm genommen, beraubt diese Abstraktion den Anderen seines Selbstseins in seiner Beziehung zu ›mir‹. An die Stelle dessen, was er ist, tritt die Vorstellung von ihm, die seine Erscheinung bei anderen weckt. Da dies ausnahmslos für Alle gilt, sind und bleiben wir alle füreinander unüberschreitbar Andere, die einander nach den Maßen der Vorstellungen begegnen, die die Wahrnehmung eines Anderen in uns von ihm auslöst.

Jedes ›Anderssein‹ ist keine wahrnehmbare Eigenschaft, sondern eine vollzogene Zuschreibung, die aus der wahrgenommenen Abweichung vom Eigensein dessen, der sie trifft, entsteht. Die Distanz zwischen Menschen beruht nicht nur auf dem elementaren Bedürfnis nach ungestörter Eigensphäre an einem zugehörigen Ort in der Welt, sondern ebenso auf der Unmöglichkeit, den Anderen als ›ihn selbst‹ zu erkennen. In der Begegnung mit Anderen verwandelt unser Sein sich in eine Erscheinung, deren Wahrnehmung uns zu einem wahrnehmbaren Objekt in der Welt macht, auf das reagiert, wer ihr zugehört, und es bemerkt.

Diese Objektivierung bedeutet keine grundsätzliche Abwertung des Anderen, sondern ist die Realität tatsächlicher und möglicher Beziehungen zwischen Menschen, deren Bedeutung desto größer wird, je näher sie einander rücken, wie in der verheißenen Welt ohne Grenzen des 21. Jahrhunderts.

Soll die Weltgesellschaft nicht zur gewaltsamen Konkurrenz Aller gegen Alle um immer weniger Daseins-Orte werden, bedarf es als ihrer größten Herausforderung einer Kultur des gewährleisteten Andersseins ohne den unter ihren Bedingungen der Verdichtung illusionär werdenden ethischen Zwang, den Anderen als gleichartiges ›Du‹ zu behandeln, das er schlicht nicht ist. Die Kategorie einer derartigen Kultur der unbedingt zu gewährleistenden Ferne zwischen den unfreiwillig Nächsten ist das *Neutrale.* Als Verkörperung einer Eigenschaft, die zum generellen Merkmal des Fremden wird, kann der Fremde als der Zu-Nahe nur der potenzielle Feind sein, und die offene, gewaltsame Feindschaft muss zum Ausbruch kommen, sobald das Mindestmaß an Ferne unterschritten wird.

Sozialer Friede setzt in Zukunft identitätsneutrale Orte voraus, die von keinem ›Ich‹ exklusiv besetzt sind, an denen Begegnung der einander *als* Verschiedene anerkennenden Menschen konfliktfrei möglich ist. Dazu bedarf es einer Mentalität des Neutralen, die dazu befähigt, den Anderen als ein Dasein ohne identitätsfixierende Eigenschaft wahrzunehmen. Nämlich ohne eine Eigenschaft, die ihn so sehr von ›mir‹ unterscheidet, dass er zur Bedrohung wird. Die Kategorie der ›Gleichheit‹ aber ist dazu völlig ungeeignet, da sie eine reine Idee ist, die durch die konkrete lebensweltliche Erfahrung der einander in aufdringlicher Nähe Begegnenden widerlegt wird, die ihre Verschiedenheit unbezweifelbar macht. So wird es zur Aufgabe, alle Anderen sein zu lassen, ohne sie als potentielles ›Du‹, als Mitbesetzer des eigenen Ortes, betrachten zu müssen. Das *Neutrale*, verstanden als universale Nicht-Eigenschaft der Angehörigen der Weltgesellschaft, ist das, was ›mich‹ sein lässt, und was ich sein lassen kann, ohne meine Existenz oder die der Anderen zu gefährden. Den Anderen im Modus des Als-Ob wahrzunehmen, als hätte er keine potentiell bedrohlichen Eigenschaften, begründet die Möglichkeit gegenseitiger Unantastbarkeit ohne Anspruch darauf, dass der Andere anders, nämlich so ›gleich‹ wie ›Ich‹, werden müsste, um mit mir koexistieren zu können.

Die Verdichtung der Welt zur Weltgesellschaft verwandelt das Neutrale als *das, was die Differenz bis in die Indifferenz trägt, genauer, was die Indifferenz nicht seiner endgültigen Gleichgültigkeit überlässt*, aus einer Kategorie der Literaturkritik, als welche Maurice Blanchot es zuerst erprobte (»Einklammerungen«, 26), in eine anthropologische Kategorie. Eine Kategorie des Möglich-Seins der Vielen in der immer engeren einen Welt.

»Aber ist das Neutrale nicht das, was dem Anderen am nächsten kommt?« – »Aber auch am fernsten bleibt.« – »Dem Anderen kommt das Neutrum zu, selbst dem Anderen als Nebenmenschen, der zu uns spricht, der dann also durch die Fremdheit spricht, die nicht zuläßt, ihn zu verorten und ihn stets dem, was ihn identifizieren würde, äußerlich macht.« – Muss man nicht zugestehen, dass mit dem neuter *das* heteron *verbunden ist, nicht wie das Positive mit dem Negativen oder die Oberseite mit der Unterseite, sondern dass es sich hierin stets verdeckt findet, hierin die Unscheinbarkeit des Verhältnisses, in dem*

es steht, entzieht?« – »Aber würde das nicht auch bedeuten, dass das Andere, stets unter der Bedrohung des Neutralen und sogar vom Neutralen markiert, dasjenige wäre, was in einem noch nicht beherrschten Wechselverhältnis auf absolute Weise seinen Abstand von ihm markieren würde?« – »Sagen wir zunächst, dass das Andere und das Neutrale mit dem und durch das im Verhältnis stehen, was verbieten würde, sie jemals zusammen *zu denken, wenn es möglich wäre – und es wäre niemals vollständig möglich – zu behaupten, dass das Andere und das Neutrale, notwendig, doch auf unterschiedliche Weise, nicht unter den Rechtsanspruch des Einen fallen und sich auch nicht der gleichwohl unvermeidlichen Zugehörigkeit zum Sein zurechnen lassen.«* (Blanchot, a.a.O., 27 f.).

Der Neutrale ist der Andere, der nicht zum ›Nächsten‹ werden muss, um ein Mit-Sein sein zu können, das das eigene Sein unangetastet lässt. Nur in einer Weltgesellschaft von ›Menschen ohne Eigenschaften‹ wird ein Dasein als *Miteinander des Verschiedenen* möglich sein. Das Ungleiche aushalten zu können, ist das Gebot einer Kultur, die sich nicht dem Unmenschlichen ausliefern will, an dessen Beginn der unerfüllbare Anspruch steht, Verschiedenheit zu beseitigen.

Die Unerfüllbarkeit dieses Anspruches erhält ihr besonderes Gewicht durch die elementare Daseinsbedingung, einer potenziell feindlichen Welt ausgesetzt zu sein, die jederzeit und überall waltet. Der ›Feind‹ ist nicht ›der Andere‹, sondern die ›Andersheit‹ der einen und einzigen Welt, in der Menschen leben. Beglaubigt wird diese einzige Gleichheit aller Menschen durch die Endlichkeit ihrer Anwesenheit in der Welt, in der sich nur mittels der Anstrengungen zur Überwindung der ›Weltfremde‹ existieren lässt, deren Inbegriff ›Kultur‹ ist (vgl. Steffens, *Ontoanthropologie*). Vor dem Tod sind alle gleich. Unterschiede macht er nur in der Art, wie er als natürliches Ereignis eintritt.

An dieser ausnahmslosen Gleichheit, der Menschen als Lebewesen unterliegen, tritt die Unentbehrlichkeit des Anderen gerade für das Selbstbewusstsein hervor, das auf der Endlichkeit des Daseins beruht. Denn es gibt keine Erfahrung des Todes. In dem Moment, in dem er erfahren *wird*, endet jede Erfahrung. Die Sterblichkeit wird nur am Tod Anderer wahrnehmbar. Die Gewissheit auch der eigenen Sterblichkeit beruht auf der spekulativen Evidenz der Übertragung, die die Erfahrung des Todes eines Anderen weckt. Welcher wiederum das Empfinden einer elementaren Gleichartigkeit zugrunde liegt: der, der starb, ist nicht wie Ich, er ist ein Anderer; aber mir dennoch ähnlich genug, vermuten zu müssen, nicht davon ausgenommen zu sein, eines Tages ebenso zu enden wie er. Vor dem Nichts, unserem unabwendbaren Nicht-Mehr-Sein, sind Menschen gleich; nicht voreinander.

Menschenrecht auf Unbestimmtheit*

Früher wurden die Beherrschten von den Herrschenden kolonisiert, heute werden sie von ihnen untersucht. Ich meine, man sollte in die Verfassungen eine Bestimmung aufnehmen, die Menschen und Völkern das Recht gibt, sich jeglicher Untersuchung zu verweigern.

Michel Serres, *Der Hermaphrodit*

Das Geheimnis Europas ist, daß es das Leben nicht mehr liebt, schrieb Albert Camus 1951. Daher rührt Europas Verbissenheit in seinen Anstrengungen, dieses Leben zu beherrschen.

Der anarchischen Dynamik des gelebten Lebens hat seine politische Geschichte, zugespitzt in der des vorigen Jahrhunderts, immer wieder den politischen Willen zur Herstellung einer allgemein verbindlichen, statischen Identität entgegengesetzt. Gegen die Politik exogener Erzeugung von Identität findet der Wille zu endogener Bildung von Identität als Ergebnis individueller Lebensgeschichten sich fast ausschließlich auf der Seite kulturellen Widerstandes gegen die politische Geschichte der Macht, mit der Ausnahme der kurzen Epoche des sozialdemokratischen Konsenses in den westeuropäischen Gesellschaften, der mit der Durchsetzung einer kapitalistischen Weltökonomie endete.

* Vortrag unter dem Titel »Gedächtnis und Unverfügbarkeit: Abschied von der Politik der Identität« auf der Konferenz »Politische und kulturelle Identitäten«, Goethe-Institut Inter Nationes Bukarest, 3. Juni 2002. Erstdruck in: Andreas Steffens, *Gerade genug. Essays und Miniaturen*, Wuppertal 2010. – Hier geringfügig erweitert.

Nach dem Ende der Trennung der ost- und südosteuropäischen Gesellschaften durch die kommunistischen Regime haben sich angesichts ihrer Erblasten, die ebenso ökonomisch wie mentalitätsgeschichtlich verheerend wirkten, als Gegenbewegungen im wesentlichen zwei Tendenzen gebildet: eine voluntaristische, die den historischen Graben zu überspringen sucht, indem sie dort anknüpft, wo die Kontinuität abgebrochen wurde, und eine in ihrer Tendenz eskapistische, die sich von jeder Historizität abwendet und alles auf einen zukunftszugewandten Neubeginn in Gestalt möglichst rascher Eingliederung in die westeuropäischen politischen, kulturellen und ökonomischen Ordnungen setzt.

Als wesentliche Erfolgsbedingung für eine derartige Integration erscheint jedoch gerade die Wiedergewinnung eines Bewusstseins historischer Kontinuität. Deren kulturelle Wiederaneignung ist gleichbedeutend mit der Überwindung der Folgen, die die kommunistische Enteignung des Gedächtnisses hatte. Die Strategie der totalitären Regime beruhte auf einer Auslöschung des historischen Bewusstseins. Sie war eine Politik der Retuschen und Löschungen.

Wie unabdingbar es ist, die Folgen dieser Politik des Vergessens durch eine Arbeit am Gedächtnis zu überwinden, zeigten die Balkan-Kriege der neunziger Jahre des 20. Jahrhunderts. In ihnen wurden die Handelnden von der Wiederkehr unbewältigter Konflikte überwältigt. Die Wiedergewinnung des historischen Gedächtnisses erwies sich als Bedingung dafür, mögliche *inner*kulturelle und *inter*kulturelle Konflikte, wie sie in dieser Weltregion schlummern, benennbar und damit handhabbar machen zu können.

Dem aus dem Impuls zur Wiedergewinnung elementarer Humanität stammenden Wunsch danach, zu vergessen, steht die Notwendigkeit entgegen, nicht vergessen zu dürfen, weil die Politik, deren Folge die Erschütterung der Humanität ganzer Gesellschaften war, auf einer Strategie des Vergessens, der Auslöschung von Geschichte beruhte.

Der Mensch hat sich seit 1914 als eine überraschend viel bildsamere Masse erwiesen, als man gemeinhin annahm. Als Robert Musil diese Einschätzung 1922 formulierte, standen die welthistorisch umwälzenden Belege dieses Urteils noch aus. Die Bildbarkeit ›des‹ Menschen wurde von den Anthropolitiken in unvordenklicher Entschlossenheit zur Aufgabe gewählt.

Die kulturellen Zerstörungen, die von den kommunistischen Regimen angerichtet wurden, stehen in der Kontinuität dieser Politik am Menschen, die die welthistorische Dynamik des 20. Jahrhunderts beherrschte. Die Anthropolitik ist eine Politik verordneter Identität: der eindeutigen und einsinnigen Definition dessen, was ein Mensch sein und wie dieser bestimmte Mensch existieren soll. Die faschistischen und kommunistischen Versuche zu ihrer Verwirklichung endeten in einer unvordenklichen Inhumanität, in Handlungen blanker Vernichtung, deren Ziel die Ausmerzung derer war, die der Definition *des* Menschen nicht entsprachen.

Das totalitäre Begehren aber ist unerfüllbar. Mögen die Träger einer verworfenen Identität auch physisch ausgelöscht werden können; was sie waren, wird damit nicht aufgehoben. Ihre Vernichtung ist die paradoxe Beglaubigung ihres ›Andersseins‹, das nicht sein soll. *Am Ende ist es ein zu Sprechen unfähiger Blick, der den SS-Mann anstarrt – oder jeden anderen Henker –, der ihm zu verstehen gibt, dass er ihm damit gänzlich, offen (franche) die Identität bloßlegt, die der andere vernichten wollte. Wenn wir aus Konvention sagen, dass der Mord ein Leben auslöscht, während die Hinrichtung eine Identität vernichten will, dann wird man in allen Hinrichtungsformen diese Bekräftigung finden, die vom Hingerichteten auf den Hinrichtenden zurückfällt: Hier bin ich, auf ewig uneinnehmbar* (Jean-Luc Nancy, *Identität*, 32).

Diese elementare historische Erfahrung macht den Abschied von einer Politik der Identität zur Grundlage für eine künftige kulturelle Selbst-Bestimmung Europas. Deren Grundbedingung ist die Vermeidung verpflichtender Einheitskonzepte: das künftige Europa muss eine Kultur ausgehaltener Unbestimmtheiten sein. Das Zeitalter geglaubter oder dekretierter Gewissheiten und Eindeutigkeiten ist abgelaufen.

Die großen Tyrannen sind nicht mehr von dieser, unserer Zeit. Sie sind uns näher als Dschingis-Khan und Attila, so daß wir uns kein unbedingtes Vertrauen in die Güte des Menschen leisten können; aber unsere, die transmodernen Tyrannen, sind noch nicht herangereift: Planer, Technokraten, Manipulierer der Erbmasse, Werbepsychologen, Psychotechniker und Biotechniker [sic!] *können unter Umständen unsere Bevollmächtigten für das Böse sein – aber heute noch nicht, sondern morgen oder übermorgen; denn die Transmoderne hat eben erst begonnen*, schrieb der rumänische Romancier und Literaturkritiker Petru Dumitriu vor sechzig Jahren, 1965 (*Die Transmoderne*, 263) – sein *morgen oder übermorgen* ist unser heute.

Tatsächlich tritt am Beginn des 21. Jahrhunderts eine unterschwellige Kontinuität der Politik der Identität in den politischen und kulturellen Suggestionen hervor, die besonders von dem neuen medico-technologischen Komplex in der Schnittstelle von Ökonomie, Natur- und Humanwissenschaften entfaltet werden. Die in historischer Unbekümmertheit unter dem Terminus ›Biopolitik‹ inzwischen entworfenen Verheißungen stehen vorerst weniger im Horizont einer hell leuchtenden Zukunft, als im Schatten der Gewaltpolitiken am Menschen. Auch die liberale Gesellschaft ist vor dem Schwund des historischen Gedächtnisses nicht sicher.

Die Erfahrung der Geschichte verlangt nach wenigem so sehr wie nach der Ächtung des Identitäts-Begriffs als eines *politischen* Leitbegriffs.

Als Kategorie kollektiven Selbstverständnisses gerät ›Identität‹ in Widerspruch zu jener Selbstbestimmung, die als Kern individueller Identität seit der englischen ›glorious revolution‹ des ›habeas corpus‹ zum essentiellen Bestand kultureller Identität Europas gehört. Die Sicherung der Freiheit, die es nur als individuelle gibt, beruht auf dem Ausschluss definitorischer Unterwerfung individueller Bestimmungen unter Gehalte kollektiv postulierter Identitäten: der Einzelne, der etwas Bestimmtes, und *nur* dieses sein soll, weil er einem sich mit eindeutigen Bestimmtheiten ausstattenden Kollektiv angehört, verliert seine Selbstbestimmbarkeit.

Das Prinzip der Selbstbestimmung des Individuums beruht auf der Einsicht in die Unergründbarkeit dessen, was ein Mensch sein kann: *Der Mensch ist mehr, als er von sich wissen kann* (Karl Jaspers, *Humanismus*, 25). Und er kann mehr *sein*, als er *wissen* will. Deshalb gilt: *Das Prinzip der Verbindlichkeit des Unergründlichen ist die zugleich theoretische und praktische Fassung des Menschen als eines historischen und darum politischen Wesens* (Helmuth Plessner, *Macht und menschliche Natur*, 317).

Das Verlangen nach Einheit ist proportional zum Reichtum oder zur Armut des kulturellen Gedächtnisses möglicher menschlicher Lebensformen. Je reicher die Erinnerung, das historische Gedächtnis, desto geringer wird die Notwendigkeit eines *einsinnigen* politischen Identitätskonzeptes: je mehr einer von sich und den Dimensionen seiner Existenz und ihren Bedingungen weiß, desto weniger bedarf er des Rückhaltes fixierter Bestimmungen.

Als elementare Herausforderung für ein künftiges Europa erweist sich die Arbeit an einer Kultur schwebender Identitäten: des Aushaltens von Offenheit in der Koexistenz des Verschiedenen.

Angesichts der potentiellen Dynamik neuer ›biopolitisch‹ motivierter Politiken der Identität erscheint es auf lange Sicht als erforderlich, die Unbestimmtheit des Individuums als verbürgtes Recht in die politische Ordnung Europas zu implementieren, womöglich im Rang eines Verfassungsrechtes. Die garantierte Offenheit dessen, was und wie Menschen sein *können*, wird zur Basis einer fortbestehenden Garantie der Menschenrechte.

Nach den Erfahrungen mit der Anthropolitik des 20. Jahrhunderts ist die Verfassungsgarantie der Unversehrbarkeit des individuellen menschlichen Lebens durch die Garantie zu präzisieren und zu erweitern, dass dieses individuelle Leben keinen exogenen Bestimmungen unterworfen werden darf, die die mögliche Pluralität seiner Identitätsbildung auf eine einzige, irreversible Bestimmtheit reduzieren.

In dieser Perspektive wird das Prinzip der *Vermeidung von Irreversibilität*, das Helmuth Plessner zu Beginn der totalitären Epoche formulierte, zum Leitprinzip einer Bewahrung der Menschenrechte als Kern einer in der künftigen Weltordnung weiter zur Geltung zu bringenden kulturellen Identität Europas. Wenn man nicht, wie Georg Simmel bereits am Ende des Ersten Weltkrieges, davon überzeugt ist, dass Europa diese Rolle ausgespielt hat und die Zukunft der ›amerikanischen Weltkultur‹ gehört, die er damals als Möglichkeit sah, deren Verwirklichung im Zeichen der ›Globalisierung‹ begonnen hat. Will Europa dabei historisches Subjekt der Weltgeschichte bleiben, und nicht seinerseits Objekt im Prozess der Herstellung einer tendenziell dekulturalisierten uniformen Welt-Zivilisation werden, in der es Alles als Dasselbe überall jederzeit gibt, wird es eine seiner wesentlichen kulturellen Aufgaben sein, Identität als Inbegriff unausdenklicher menschlicher Möglichkeiten neu zu bestimmen.

Diesseits des Todes

Daseinssolidarität

Die Werke der Menschen werden
zum Tod derselben führen.
Leonardo Da Vinci, *Tagebücher und Aufzeichnungen*

Nur Tote sind identisch. Denn an ihrem Leben ändert sich nichts mehr. Sie sind für immer, was sie waren. Der Wunsch, zu bleiben, was man ist, ist ein Todeswunsch. Wer lebt, verändert sich, mag es noch so unscheinbar sein. Ob man will, oder nicht.

Sich dem zu widersetzen, ist ein Symptom des größten aller menschlichen Verhängnisse, der *Lebensfremdheit*.

Auf ihr beruhen alle totalitären Ideologien. Sie verweigern sich dem Leben, wie es ist, und wollen ein anderes: eines für alle, ein für alle Mal, ohne Veränderung. Deshalb lieben sie den Tod, die Macht, die erstarren lässt. Der Kampfruf der spanischen Falangisten schrie den blanken Widersinn heraus: »Viva la muerta!«, »Es lebe der Tod!«. Das sowjetische Arbeiterparadies beruhte auf dem Genickschuss in den Kellern der Tscheka, der GPU, des KGB. Das Emblem der Elite des Nationalsozialismus war der Totenkopf.

Dass deren Mission das Töten war, die Vernichtung der ›Anderen‹, ließ übersehen, dass sie auf der Bereitschaft beruhte, getötet zu werden. ›Meine Ehre heißt Treue‹, heißt: Bis in den Tod. So sehr, dass ihre Mordlust schließlich ein Umweg in den Selbstmord war. So, wie der Pilot, der im Griff seiner Depression nicht mehr ›bei sich‹ war, sein Flugzeug zum Absturz brachte, seine Passagiere tötete, um zu sterben. Der Tod der Anderen ist ein Mittel, den eigenen herbeizuführen. Zu ihm greift die Feigheit des Nein-Sagens zum Dasein, das zu schwach ist, seine Konsequenz am eigenen zu vollziehen, und ihr anderes unterwirft.

Leben geschieht diesseits des Todes; Identität eines Lebens entsteht erst mit seinem Eintritt. Das macht jede Idee von Identität als Lebensregulativ, sei sie individuell, sei sie kollektiv, zu einer stillen oder offenen Komplizin des Todes mitten im Leben. Dessen der Anderen, oder des eigenen. Wer nach Identität verlangt, beansprucht, dem Tod die Arbeit abzunehmen. Und macht ihn im Extremfall zum Mittel, zu behaupten, was er für seine eigene hält.

Wer lebt, kann morgen anders sein, als er heute ist. Notgedrungen, oder aus freien Stücken, wenn die Umstände es verlangen, oder erlauben. Darauf beruht alle Hoffnung auf ein besseres Leben, die der Kern der Sehnsucht nach einem anderen ist. Und alle Furcht um den Erhalt eines guten. Nichts muss bleiben, wie es gerade ist. Eingeschlossen man selbst. Deshalb war es eine ultimative Einsicht, wenn Nietzsche den Menschen, den er vor allem als ein Lebewesen verstand, als das »nicht festgestellte Tier« bestimmte. Wobei es auf das »Tier« dabei gar nicht ankommt. Die einzige Bestimmung des Menschen, die ihn sein lässt, was er – gerade – ist, ist seine Unbestimmtheit. Die mögliche Sicherheit seines Seins beruht darauf, es unbestimmt zu lassen. Wir können nur sein, wenn wir einander zugestehen, zu sein, was wir sind, was immer es sei, ohne einander abzuverlangen, etwas, und *nur* dieses, zu sein. Je weniger Identität, desto mehr Leben.

Ich weiss recht wohl, dass viele behaupten, die Menschen gingen von Natur darauf aus, einander zu unterjochen. Was auch immer gegen diese Behauptung sich einwenden lassen möge, so ist doch soviel gewiss: dass sich aus der Erfahrung mancherlei scheinbare Gründe für dieselbe auffinden lassen, und dass sie folglich der entgegengesetzten Behauptung, wiefern diese auch nur als Erfahrungssatz aufgestellt würde, in Rücksicht auf Gültigkeit gleichgesetzt werden könnte. Diese entgegengesetzte Behauptung muss also eben darum, damit ihre Gül-

tigkeit entschieden sey, aus einem in der Natur des Menschen selbst liegenden Principe abgeleitet werden. Wir wollen dieses Princip aufsuchen.

Der Mensch geht darauf aus, die rohe oder thierische Natur nach seinen Zwecken zu modifizieren. Dieser Trieb muss untergeordnet seyn dem höchsten Principe des Menschen, dem: sey immer einig mit dir selbst; nach welchem Principe er in den allgemeinsten Aeusserungen seiner Kraft beständig handelt, auch ohne sich desselben bewusst zu seyn. Der Mensch sucht also – nicht gerade aus einem deutlich gedachten, aber aus einem durch sein ganzes Wesen verwebten, und dasselbe ohne alles Hinzuthun seines freien Willens bestimmenden Princip – die nicht vernünftige Natur sich deswegen zu unterwerfen, damit alles mit seiner Vernunft übereinstimme, weil nur unter dieser Bedingung er selbst mit sich selbst übereinstimmen kann. Denn da er ein vorstellendes Wesen ist, und in einer gewissen Rücksicht, die wir hier nicht zu bestimmen haben, die Dinge vorstellen muß, wie sie sind: so geräth er dadurch, dass die Dinge, die er vorstellt, mit seinem Triebe nicht übereinstimmen, in einen Widerspruch mit sich selbst. Daher der Trieb, die Dinge so zu bearbeiten, dass sie mit unseren Neigungen übereinstimmen, dass die Wirklichkeit dem Ideale entspreche. Der Mensch geht notwendig darauf aus, alles, so gut er es weiss, vernunftmäßig zu machen (Fichte, »Von der Sprachfähigkeit«, 305 f.).

Wobei ›vernunftmäßig‹ nicht mehr als die Übereinstimmung mit der Verfassung des Menschen meint. Das gilt bis in die Niederungen der durchschnittlichen Alltagsexistenz und deren Gewohnheitsgesten, wenn einer für ›unvernünftig‹ erklärt, was er nicht kennt, oder mit seiner Art nicht zusammenstimmt.

Die Unentbehrlichkeit des Identitätsanspruchs für das Selbstbewusstsein, das der Kern des ›Ichs‹ ist, führt zur Verwüstung der Welt als deren Anpassung an die Bedürfnisse des Menschen. Die Welt muss unterworfen werden, damit der Mensch einig mit sich sein kann. Im Innersten der Zivilisation läuft der Motor der Anpassung der Welt an den Menschen als Vollzug der Selbstgewissheit des ›Ichs‹. Den Leistungen der Rationalität, die auf dem Satz der Identität beruhen, muss zerstörerische Tendenz innewohnen. Wenn alles nur dieses eine sein kann, um mit anderem in genauer Ordnung zu existieren, darf nichts sein, was nicht selbst-eindeutig ist, und damit dem Prinzip der Eindeutigkeit ihrer Elemente widerspricht. Wenn das ›Ich‹ nichts als dieses eine sein will, sein Selbstbewusstsein sich als Besitz einer unverrückbaren Identität äußert, muss es in Gegensatz zu allem und allen geraten, die seinem Selbstkonzept nicht entsprechen. Der Krieg, den die Zivilisation gegen die Welt führt, entspricht dem Krieg, den Menschen gegeneinander führen, weil sie das Anderssein der Anderen als Bedrohung ihres Selbstseins empfinden. Oder es dazu erklären.

Wenn die Neuzeit die Epoche der menschlichen Selbstbehauptung ist, so steht dem 21. Jahrhundert bevor, die Folgen ihres Erfolges zu bewältigen, der in der im 20. Jahrhundert beginnenden industriellen Weltzivilisation kulminierte. Diesen Fluchtpunkt sah Leonardo da Vinci als einer ihrer Urpioniere ebenso voraus, wie die Romantik als erste Reaktion auf die Modernität, die nichts mehr lassen will, wie es ist, mit der die Kritik des reinen Nutzungsverhältnisses zur Welt beginnt. Die Losung des Novalis, sie müsse ›romantisiert‹ werden, besagt nicht, sie sei nach dem Willen des Menschen zu verändern, sondern der Mensch habe sein Dasein in ihr mit ihrem Sein in Einklang zu bringen.

Was droht, gelänge dies nicht, benannte Friedrich Schlegel 1800 bereits drastisch. *Die Bestimmung des Menschen ist sich selbst zu zerstören* (vgl. Blumenberg, »Selbsterhaltung und Beharrung«, 197 f.).

Georg Simmels Befund der ›Tragödie der Kultur‹, dass aus subjektiven Leistungen objektive Sachverhalte werden, die durch Institutionalisierung die Freiheit ihrer Stiftung wieder zurücknehmen, indem deren Mittel nicht nur zu Zwecken werden, sondern den Herrn ihrer Erfindung zum Sklaven ihrer Wirkungen machen, haben Horkheimer und Adorno mit der Kritik der Rationalität in ihrer *Dialektik der Aufklärung* bekräftigt und erweitert. Rationalität wird zum Instrument nicht nur, weil sie nur nach den Mitteln, nicht aber den Zwecken fragt, sondern weil ihr Kern das Dogma der zweiwertigen Logik ist, nach dem etwas nur unveränderlich dieses eine und nichts sonst sein kann, um mit anderem in stabile Beziehungen der Beherrschbarkeit gesetzt werden zu können. Auf dem ›Satz der Identität‹, nach dem etwas genau nur dieses ist, beruht das gesamte Gebäude logischer Beziehungen und Schlüsse. Die Fixierung von Bedeutungen verleiht dem Mittelcharakter der Rationalität die Stabilität und universelle Anwendbarkeit eines Werkzeugs.

Mit dem Umschlag der rationalen Weltbeherrschung zum Zweck der menschlichen Selbsterhaltung in deren Bedrohung durch die Verwüstungen der Welt, die sie anrichtet, gerät die Identität in diametralen Gegensatz zum Überleben, das sie als Kern des Selbstbewusstseins durch die aus diesem abgeleiteten Leistungen der Selbstbehauptung garantieren sollte.

Die *totalitäre und darum partikulare Rationalität war geschichtlich diktiert vom Bedrohlichen der Natur. Das ist ihre Schranke. Identifizierendes Denken, das Gleichmachen eines jeglichen Ungleichen, perpetuiert in der Angst Naturverfallenheit. Besinnungslose Vernunft wird verblendet bis zum Irren angesichts eines jeglichen, das ihrer Herrschaft sich entzieht. Einstweilen ist Vernunft pathisch; Vernunft wäre erst, davon sich kurieren. Noch die Theorie der Entfremdung, Ferment der Dialektik, verwirrt das Bedürfnis, der heteronomen und insofern irrationalen Welt nahe zu kommen, nach dem Wort des Novalis »überall zu Hause zu sein«, mit der archaischen Barbarei, daß das sehnsüchtige Subjekt außerstande ist, das Fremde, das, was anders ist, zu lieben; mit der Gier nach Einverleibung und Verfolgung. Wäre das Fremde nicht länger verfemt, so wäre Entfremdung kaum mehr* (Adorno, *Negative Dialektik*, 174).

Von nun an kommt es nicht mehr darauf an, sich selbst *gegen* die Welt zu erhalten, sondern die verwüstete Welt der Natur so weit zu erhalten und wiederherzustellen, dass es möglich bleibt, sich *in* ihr zu erhalten. Einer Zivilisation, die auf identitätsfixiertem Bewusstsein beruht, ist dieser Wandel nicht vollziehbar. An die Stelle des Entweder-Oder der Logik, das die Rationalität der zivilisatorischen Selbstbehauptung trägt, muss das Sowohl-Als-Auch einer Daseinslogik zum Zweck gemeinsamer Daseinsbewahrung koexistierender Verschiedenheiten treten.

Dazu bedarf es einer umfassenden Kategorie, die die einander widerstreitenden Identitäten miteinander vermittelt. Es muss eine sein, die von jedem ›Ich‹ unmittelbar auf seine eigene Existenz und deren Möglichkeit bezogen werden kann. Dazu ist die Idee der ›Menschheit‹ nur wenig geeignet, in deren Abstraktheit man sich wohl aufgehoben fühlen mag, ohne dass daraus jedoch irgendetwas für die eigene Daseinshaltung verbindlich folgte. Was alle angeht, kann nur von allen als sie selbst betreffend erfahren werden, wenn es etwas ist, das von den Anderen nicht trennt, sondern mit ihnen trotz ihres Andersseins verbindet.

Dieses Mittlere, das Ungleiches vereint, ohne Gleichheit zu erzwingen, kann nur ein gemeinsames *Interesse* sein. In der den Fortbestand der Menschheit bedrohenden Krise der Weltzivilisation ist dieses Interesse, das Alle miteinander teilen, so verschieden sie auch sein mögen, die Erhaltung der Möglichkeit des eigenen Daseins: der Verschonung vor einem Tod durch die Zivilisation, die vor einem unzeitigen Tod durch die Natur bewahren und ein Leben zu seiner Vollendbarkeit gewährleisten soll.

Das gemeinsame Interesse gegen seine Beeinträchtigungen zu vertreten und zu behaupten, ist *Solidarität*. Entstanden als Losung für die Sicherung der Lebensbedingungen der Proletarier, die dadurch bestimmt waren, ihre Arbeitskraft unter Wert zu verkaufen, um zu überleben, wird sie zum Grundbegriff einer globalen Perspektive zur Vermeidung der Selbstzerstörung der Zivilisation, deren Ursprung das Bedürfnis des Menschen nach Selbstbehauptung war. Das globale, menschheitlich gemeinsame Interesse ist die Gewährleistung möglichen Daseins in einer zu verschonenden Welt.

In ihren Verschiedenheiten, die Kulturen voneinander trennen, leisten alle dasselbe, dafür zu sorgen, dass der Mensch in der Welt bestehe, die nicht für ihn da ist, deren Gleichgültigkeit um sein Dasein sich in der Sterblichkeit manifestiert, der sie jeden unterwirft. Der jederzeit mögliche Eintritt des Todes ist der Grenzwert der potenziellen Feindlichkeit der Welt, deren Verringerung, wenn nicht Überwindung die elementare Kulturanstrengung des Menschen gilt.

Die Art von Beziehung zwischen Menschen verschiedenster Eigenart, die dieser ontoanthropologischen Bedingung entspräche, wäre *Daseinssolidarität*. Deren ›Ethik‹ kennt nur eine einzige Maxime: Nichts zu tun, was die Daseinsmöglichkeit aller gefährden müsste. Vereint im Kampf gegen die Feindlichkeit der Welt, die das menschliche Verhalten in ihr noch verstärkt, werden die Unterschiede zwischen Menschen bedeutungslos, weil sie Alle vor dieselbe Herausforderung stellt. Sie wäre die Grundkategorie einer möglichen ›Weltzivilisation‹ als *Koexistenz von Kulturen*, die deren Verschiedenheit gerade zur Geltung bringt, statt sie verringern oder aufheben zu wollen. Die Vielfalt des Ganzen ist der umfassende Wert für Alle. Mag deren eine oder andere Erscheinung diesem oder jenem noch so sehr missfallen. Aber auch das hat seinen gemeinschaftsgründenden Sinn. Wie etwas nicht gewollt wird, zeigt, wie es sein sollte. Woran sich wiederum Zustimmung oder Ablehnung knüpfen. Der Prozess ihrer informellen Aushandlung ist die Konstitution einer Gemeinschaft in Freiheit, die nicht ein für alle Mal, sondern permanent geschieht.

Die Weltzivilisation kann nichts anderes sein als die weltweite Koalition von Kulturen, von denen jede ihre Originalität bewahrt (Lévi-Strauss, »Rasse und Geschichte«, 402). Deren Einrichtung wird leichter fallen, wenn diese bewahrte Originalität ihrer einzelnen Elemente nicht als Zweck, sondern gerade als Mittel des Ganzen der Weltgesellschaft aufgefasst wird. Als deren Mittel zum Zweck der Weltzivilisation, sich gegen die Beeinträchtigungen der Daseinsmöglichkeit durch die Welt und ihre menschenunabhängige Ordnung zu behaupten. Je unterschiedlicher die Kulturen, desto vielfältiger die Fähigkeiten, die sich auf diesen Zweck hin mobilisieren lassen, der von den beiden Drohungen definiert wird, denen die gesamte Menschheit ausnahmslos ausgesetzt ist: der des sie mit Vernichtung bedrohenden Atomkriegs, und der ihre Daseinsmöglichkeiten zerstörenden Folgen des Naturverbrauchs. Der mögliche Tod Aller verlangt von Allen, einander zum ›Samariter‹ zu werden.

Die gesamte Geschichte konzentriert sich in diesem Punkt, von dem man mit Sicherheit sagen kann, daß wir nicht lange überleben werden, falls wir ihn nicht erreichen. An diesem kritischen Punkt, im blendenden Licht des Blitzes, kann und muß etwas geschehen: daß der nahe Tod in einem einzigartigen Augenblick historischen und kollektiven Bewußtseins für immer den Todestrieb tötet, der ihn hervorbringt, und umgekehrt. Tod dem Tode! Das letzte Wort der Philosophie. Wir werden diese Schwelle überschreiten, wir werden diesen Blitz sehen, oder wir werden sterben unter den tausend Sonnen unserer infernalischen Vernunft (Michel Serres, »Thanatokratie«, 142).

Das einzige gemeinsame Interesse aller Menschen im unaufhebbaren Elementarzustand ihrer Verschiedenheit in Raum und Zeit ist die Vermeidung des Todes, den die Geschichte der Zivilisation aus einem jederzeit möglichen natürlichen Ereignis in eine Bedrohung des Menschen durch den Menschen verwandelte. Überleben werden wir als ›Samariter‹: als die einander Fernsten, die *sich* zum Nächsten machen, indem sie denen beistehen, von denen sie als Ungleiche abgelehnt werden, und den Anderen nicht nur sein lassen, was er ist, sondern ihm dazu mit verhelfen, es zu sein.

Dass diese Idee Realität werden kann, erwies sich in der Zeit der Corona-Pandemie, als es in einer weltumspannenden Mobilisierung von Wissenschaft, Technik, Ökonomie und Politik gelang, in äußerst kurzer Zeit wirksame Impfstoffe zu entwickeln, und weltweit einzusetzen. Die Reaktion auf die reale Bedrohung der ganzen Menschheit durch ein potenziell tödliches Virus war ein kollektiver Akt praktizierter Daseinssolidarität. Möglich wurde er, weil buchstäblich niemand von der Gefahr ausgenommen war.

In der Panik der Pandemie kehrte das urälteste Weltempfinden des Menschen wieder, das von den Erfolgen der Zivilisation weitgehend verdrängt worden ist. Mit dem Nebeneffekt, zu demonstrieren, wie unsinnig identitätsversessene Konkurrenz ist, gerade, wenn es um vermeintliche, oder tatsächliche Selbstbehauptung geht. So wird der ideelle Gehalt von ›Daseinssolidarität‹ konkret. Die zur Feindseligkeit neigende Fremdheit der Ungleichen, die darauf bestehen, sie selbst und nichts als sie selbst zu sein, wird von der Fremdheit, der sie alle ausnahmslos ausgesetzt sind, neutralisiert. Die Verschiedenen sind gleich im Angesicht desselben ›Feindes‹, der Gleichgültigkeit der Welt gegen das Dasein des Menschen in ihr, wie ein tödlich grassierendes Virus sie manifestiert.

Stärker noch als auf der Idee der Gleichheit der Menschen in brüderlicher Freiheit beruht die Würde eines Menschen auf der Fähigkeit, den gleichen Feind in seiner Unbesiegbarkeit zu ertragen, der sie durch alle Verschiedenheiten und Differenzen hindurch so gleich macht, dass es gleichgültig wird, es nicht zu sein.

Wer wir sind, zeigt sich zuletzt, in der Konfrontation nicht mit ›dem‹ Tod, sondern mit dem eigenen. Die Haltung des Sterbenden offenbarte Navid Kermani den Freund Karl Otto Hondrich, wie er ihn nie zuvor erlebte: als den Menschen in seiner ganzen Identität als diese einmalige Person, die die Begegnungen in den Lebensvollzügen eher verborgen hatten als hervortreten lassen. Die vierte seiner Frankfurter Poetikvorlesungen, in denen er die Ästhetik des Romans, an dem er schrieb, *Dein Name*, entfaltete, ist am 1. Juni 2010 denen gewidmet, die in seinem Leben sterben. Die Schauspieler des Frankfurter Ensembles, die seine Zitate sprechen, lässt er aus seinem Epitaph auf den toten Freund vortragen. *So auffallend Hondrich darum bemüht war, sich vom Tod zu keinem anderen Menschen machen zu lassen – er wußte um die Vergeblichkeit. Illusionslos auch gegenüber sich selbst, wußte er, dessen bin ich mir sicher und das meine ich wahrgenommen zu haben, daß das Bild, das er von sich zeigte, nicht alles war, nicht das ganze Bild. Er war identisch mit sich auch im Bewußtsein, daß niemand identisch mit sich ist, und nüchtern genug, um vorauszusehen, daß die Nüchternheit nicht aufrecht zu erhalten ist. Am Ende wimmerst du. Aller Realismus hilft nicht, die Realität zu ertragen. Aber wenn das so ist, wenn das ohnehin so ist und bei jedem, muß man nicht auf den Marktplatz mit seiner Furcht. Wenigstens nach außen Würde zu bewahren ist der letzte Widerstand gegen einen übermächtigen Gegner: fortzufahren, bis es nicht mehr geht – und dann, so lautlos es einem vergönnt sein mag, zu verschwinden* (Kermani, *Über den Zufall*, 155).

Wenn alle diesen selben Feind haben, muss niemand mehr irgendeines Feind sein. Darf es nicht, soll der gemeinsame nicht schon im Leben durch den Tod der Anderen triumphieren. In der Pandemie wird der identitätsfixierte Egoismus der Selbstbehauptung zu deren größter Gefahr im Verzicht auf ihren Schutz.

Da die Erdgeschichte, deren Teil die Geschichte der Menschen ist, mit den Phänomenen der Klimakrise in eine Phase verschärfter Bedrohung der Daseinsmöglichkeit aller Menschen auf der Erde eingetreten ist, ›darf‹ nun niemand mehr irgendeines ›Feind‹ sein. Der Verzicht auf die Feindschaft, die aus der Unvereinbarkeit von Identitäten erwächst, die die Geschichte der Menschen seit ihren Anfängen nicht aufgehört hat zu begleiten, und sie überwiegend bestimmte, ist die Bedingung dafür, das feindselige Verhältnis zur Welt als Natur aufzugeben, das die Zivilisation zur Bedrohung der Menschenmöglichkeit auf Erden hat werden lassen.

Was dem Kulturbewusstsein in den Euphorien der ›Selbstbestimmung‹ so schwerfällt einzusehen, ist einer so nüchternen Wissenschaft wie der Erderforschung seit Generationen offensichtlich. 1961 schrieb der Geologe Kurd von Bülow in einem Abriss des ›Anthropozäns‹ lange, bevor es den Begriff gab, und ein Jahrzehnt vor dem Alarm des ›Club of Rome‹: *Alle Bemühungen können nichts weiter anstreben als vermeidbare Schäden vermeiden, eingerissene heilen zu helfen. Beides ist zuletzt eine allgemeine Menschheitsaufgabe und nur in gemeinsamer Anstrengung aller Nationen zu schaffen. Die dafür bisher schon aufgewendeten Mittel reichen an Zahlen heran, wie sie sonst von den Großmächten nur für Weltkriege erübrigt werden* (*Über den Ort des Menschen in der Geschichte der Erde*, 27). Die kommenden Weltkriege drohen die Mittel zu verzehren, die es braucht, den Krieg gegen die Welt zu beenden.

Doch die Feindseligkeit ist der DNA der Menschheit eingeprägt. Was wir sind, ist die stete Gefahr dafür, dass wir sein können. Denn als Lebewesen sind wir darauf angewiesen, dass unser Organismus andere Organismen aufnimmt, um sich am Leben zu erhalten. *Der Mensch und die Tiere sind eigentlich, da sie ihr Leben durch den Tod der anderen gewinnen, nur ein Durchgang und Kanal für die Nahrung, eine Herberge der Toten, eine Hülle der Verwesung* (Leonardo da Vinci, *Tagebücher und Aufzeichnungen*, 2). Leben heißt, von anderem und anderen zu leben. Dem entspricht die Verfassung der gesamten Kultur der Neuzeit, die seit der Industrialisierung und der Kapitalisierung der Existenz auf der Verwertung und der Vernutzung nicht nur der Welt, sondern der Existenz Aller beruht. Wie der Organismus die ihm unentbehrliche Nahrung verdaut, so die Kultur die Güter der Welt, derer es dazu bedarf, und das Leben derer, denen sie es ermöglicht.

Wir sind nicht gleich, und wir bedürfen unserer Verschiedenheiten, um sein zu können, was wir selbst sind. Dabei sind wir denselben elementaren Bedingungen des Daseins ausgesetzt. Gelebt wird immer gegen sie. Jede Feindseligkeit verringert die Kraft, standzuhalten, die desto geringer ist, je vereinzelter sie aufgebracht werden muss. Überleben lässt sich in der Welt nur gegen sie, indem die Bedingungen der Möglichkeit des Lebens in ihr erfüllt, und die Gefahren, mit denen sie selbst es bedroht, abgewehrt werden. Diese Dialektik auszubalancieren, ist die Aufgabe der künftigen Weltzivilisation. Daran scheiternd, gäbe die Menschheit sich auf. Dann hätte ihre Geschichte bewiesen, dass sie wie alles sonst, was die Welt hervorbringt, nichts ist als eine Episode in deren eigener Geschichte.

Literatur

Adorno, Theodor W., *Negative Dialektik* (1966), Gesammelte Schriften, Bd. 6, Frankfurt a.M. 1973

Adorno, Theodor W., *Zur Metakritik der Erkenntnistheorie*, Gesammelte Schriften, Bd. 4, Frankfurt a.M. 1970

Adorno, Theodor W., *Minima Moralia. Reflexionen aus dem beschädigten Leben*, Frankfurt a.M.-Berlin 1951

Adorno, Theodor, »Einleitung«, in: Rudolf Borchardt, *Ausgewählte Gedichte*, Frankfurt a.M. 1968

Adorno, Theodor, »Offener Brief an Max Horkheimer«, in: ders., Gesammelte Schriften 20.1: Vermischte Schriften I, Frankfurt a.M. 1986, 155–163

Augé, Marc, *Nicht-Orte* (1992), München 2010

Agamben, Giorgio, *Bartleby oder die Kontingenz gefolgt von Die absolute Immanenz*, Berlin 1998

Agamben, Giorgio, *Homo sacer. Die souveräne Macht und das nackte Leben*, Frankfurt a.M. 2002

Aristoteles, *Nikomachische Ethik*, dt. v. Franz Dirlmeier, Werke, ed. Ernst Grumach, Berlin-Darmstadt 1969, Bd. 6

Auster, Paul, *4,3,2,1.* Roman, Hamburg 2017

Badiou, Alain, *Ethik. Versuch über das Bewusstsein des Bösen* (1993), Wien 2003

Balzac, Honoré de, *Die menschliche Komödie*, Band I, Leipzig 1923

Beckmann, Max, »Über meine Malerei. Rede London 21. Juli 1938«, in: ders., *Die Realität der Träume in den Bildern. Schriften und Gespräche 1911–1950*, München-Zürich 1990

Benjamin, Walter, *Das Kunstwerk im Zeitalter seiner technischen Reproduzierbarkeit. Drei Studien zur Kunstsoziologie*, Frankfurt a.M. 1966

Benjamin, Walter, *Einbahnstraße* (1928), Frankfurt a.M. 1955

Bense, Max, *Ästhetik und Zivilisation. Theorie der ästhetischen Kommunikation, aesthetica III, Krefeld-Baden Baden 1958*

Blanchot, Maurice, »Die ursprüngliche Erfahrung«, in: ders., *Das Unzerstörbare. Ein unendliches Gespräch über Sprache, Literatur und Existenz*, München 1991, 60–81

Blanchot, Maurice, »Einklammerungen«, in: ders., *Das Neutrale. Philosophische Schriften und Fragmente*, Zürich-Berlin 2010, 23–30

Bloch, Ernst, *Das Prinzip Hoffnung*, 2. Band, Gesamtausgabe, Band 5, Frankfurt a.M. 1959

Bloch, Ernst, »Einsichten in den Nihilismus und die Identität. Eine Abhandlung«, in: ders., *Philosophische Grundfragen I: Zur Ontologie des Noch-Nicht-Seins*, Frankfurt a.M. 1961, 41–81

Blumenberg, Hans, »Selbstbehauptung und Beharrung. Zur Konstitution neuzeitlicher Rationalität« (1969), in: Hans Ebeling, Hg., *Subjektivität und Selbsterhaltung. Beiträge zur Diagnose der Moderne*, Frankfurt a.M. 1996, 144–207

Blumenberg, Hans, *Ein mögliches Selbstverständnis. Aus dem Nachlaß*, Stuttgart 1997

Blumenberg, Hans, *Lebensthemen. Aus dem Nachlaß*, Stuttgart 1998

Blumenberg, Hans, *Begriffe in Geschichten*, Frankfurt a.M. 1998

Blumenberg, Hans, *Beschreibung des Menschen*, Frankfurt a.M. 2006

Blumenberg, Hans, *Theorie der Unbegrifflichkeit* (1975), Aus dem Nachlaß hg. von Anselm Haverkamp, Frankfurt a.M. 2007

Blumenberg, Hans, *Phänomenologische Schriften 1981–1988*, Berlin 2018

Blumenberg, Hans, »Intersubjektivität als Allgegenwartsersatz?«, in: ders., *Phänomenologische Schriften 1981–1988*, Berlin 2018, 195–210

Borchardt, Rudolf, *Der unwürdige Liebhaber. Erzählung* (1929), Reinbek 1993

Brecht, Bertolt, *Gesammelte Werke in 20 Bänden*, Frankfurt a.M. 1967

Bülow, Kurd von, *Über den Ort des Menschen in der Geschichte der Erde*, München 1961

Butler, Judith, *Kritik der ethischen Gewalt. Adorno-Vorlesungen 2002*, erweiterte Ausgabe Frankfurt a.M. 2007

Camus, Albert, *Der Mensch in der Revolte* (1951), Reinbek 1953

Cassirer, Ernst, *Versuch über den Menschen. Einführung in eine Philosophie der Kultur* (1944), Frankfurt a.M. 1990

Cioran, Emil Michel, »Das verfluchte Ich«, in: *AKZENTE*, 29. Jahrgang, Heft 1, Februar 1982, 7–20

Deleuze, Gilles, *Unterhandlungen 1972–1990*, Frankfurt a.M. 1993

Deleuze, Gilles, »Bartleby oder die Formel«, in: ders., *Kritik und Klinik*, Frankfurt a.M. 2000

Dostojewski, Fjodor M., *Weiße Nächte. Eine Liebesgeschichte*, Berlin 2011

Dumitriu, Petru, *Die Transmoderne. Zur Situation des Romans*, Frankfurt a.M. 1965

Eichendorff, Joseph von, »Aus dem Leben eines Taugenichts«, in: ders., Werke, hg. von Wolfdietrich Rasch, München 1972, 1061–1146

Fichte, Johann Gottlieb, »Von der Sprachfähigkeit und dem Ursprunge der Sprache« (1795), in: Werke, hg. von Immanuel Hermann Fichte (1835–1845), Band VIII, Berlin 1971, 301–341

Flaubert, Gustave, »Briefe des jungen Flaubert«, in: ders., *Memoiren eines Irren*, hg. und übersetzt von Elisabeth Edl, mit einem Nachwort von Wolfgang Matz, München 2021

Freud, Sigmund, »Die Verneinung«, in: ders., *Theoretische Schriften (1911–1925)*, Wien 1931, 399–404

Frisch, Max, *Stiller*. Roman, Frankfurt a.M. 1954

Gerhardt, Volker, *Selbstbestimmung. Das Prinzip Individualität*, Stuttgart 1999

Geyer, Christian (Hg.), *Biopolitik. Die Positionen*, Frankfurt a.M. 2001

Giraudoux, Jean, *Eglantine*. Roman, Leipzig 1928

Goethe, Johann Wolfgang, *Maximen und Reflexionen*. Text der Ausgabe von 1907 mit den Erläuterungen und der Einleitung Max Heckers, Nachwort von Isabella Kuhn, Frankfurt a.M. 1976

Gombrowicz, Witold, *Tagebuch*, Pfullingen 1961

Goodman, Nelson, *Weisen der Welterzeugung* (1978), Frankfurt a.M. 1984

Guzzoni, Ute, *Identität oder nicht. Zur Kritischen Theorie der Ontologie*, Freiburg-München 1981

Heidegger, Martin, *Beiträge zur Philosophie (Vom Ereignis)*, Gesamtausgabe, Bd. 65, Frankfurt a.M. 1989

Martin *Heidegger*, »Die Zeit des Weltbildes«, in: ders., *Holzwege*, Frankfurt a.M. 1950, 69–104

Heidegger, Martin, *Gelassenheit*, Pfullingen 1959

Heinrich, Klaus, *Versuch über die Schwierigkeit nein zu sagen*, Frankfurt a.M. 1964

Heinrich, Klaus, *tertium datur. Eine religionsphilosophische Einführung in die Logik*, Dahlemer Vorlesungen, Band 1, Basel-Frankfurt a.M. 1981; 1987

Henrich, Dieter, *Fichtes ursprüngliche Einsicht*, Frankfurt a.M. 1967

Hohl, Ludwig, *Die Notizen oder Von der unvoreiligen Versöhnung* (1936), Frankfurt a.M. 1981

Horstmann, Ulrich, *Das Untier. Konturen einer Philosophie der Menschenflucht*, Wien-Berlin 1983

Jaspers, Karl, *Über Bedingungen und Möglichkeiten eines neuen Humanismus*, Stuttgart 1962

Jens, Walter, *Nein. Die Welt der Angeklagten*. Roman, Hamburg 1950; 1954

Jünger, Ernst, »Die Totale Mobilmachung«, in: ders., *Blätter und Steine*, Hamburg 1934; 1942, 125–156

Kermani, Navid, *Über den Zufall. Jean Paul, Hölderlin und den Roman, den ich schreibe*. Frankfurter Poetik-Vorlesungen, München 2012

Kofman, Sarah, *Erstickte Worte*, Wien 1988

Krämer, Thorsten, »Vergessen wir nicht: den Übernächsten!«, in: *SPLIT. Literarische Essays*, Nr. 0, hg. von Thorsten Krämer und Andreas Steffens, Wuppertal 2022

Kraus, Karl, *Beim Wort genommen*, Werke, Band 3, hg. von Heinrich Fischer, München 1955

Kundera, Milan, *Identität*. Roman, München-Wien 1998

Lange, Hartmut, *Über das Poetische*, Berlin 2017

Lehn, Isabelle, *Frühlingserwachen*. Roman, Frankfurt a.M. 2019

Leopardi, Giacomo, *Gedichte und Prosa. Ausgewählte Werke*, ausgewählt und übersetzt von Ludwig Wolde, mit einem Nachwort von Ralph-Rainer Wuthenow, Frankfurt a.M. 1979

Lepenies, Wolf, *Die drei Kulturen. Soziologie zwischen Literatur und Wissenschaft*, München 1985

Lévi-Strauss, Claude, »Rasse und Geschichte« (1952), in: ders., *Strukturale Anthropologie II*, Frankfurt a.M. 1975, 363–407

Liedtke, Anja, *Ein Ich zu viel*. Roman, Oberhausen 2020

Lyotard, Jean-François, *Der Widerstreit*, München 1987

Maalouf, Amin, *Les identités meurtrières*, Paris 1998

Melville, Herbert, *Bartleby, der Schreiber. Eine Geschichte aus der Wall-Street*, Berlin 1997

Mercier, Pascal, *Lea*. Novelle, München 2007

Merleau-Ponty, Maurice, »Die Wahrnehmung des Anderen und der Dialog«, in: ders., *Die Prosa der Welt* (1969), München 1984, 147–161

Modiano, Patrick, *Die Gasse der dunklen Läden*. Roman, Frankfurt a.M. 1979; 1988

Musil, Robert, »Das hilflose Europa oder Reise vom Hundertsten ins Tausendste« (1922), in: *Gesammelte Werke*, Bd. 8, Reinbek 1978, 1075–1094

Musil, Robert, *Der Mann ohne Eigenschaften*. Roman, Hamburg 1952

Nancy, Jean-Luc, *singulär plural sein* (1996), Zürich 2004; 2012/2016

Nancy, Jean-Luc, *Identität. Fragmente, Freimütigkeiten*, Wien 2010

Ovid: Publis Ovidius Naso, *Metamorphosen*, nach der Übersetzung von Reinhart Suchier, Leipzig 1986

Pessoa, Fernando, *Ich Ich Ich. Selbstzeugnisse und Erinnerungen von Zeitgenossen*, hg. von Inés Koebel, Frankfurt a.M. 2018

Plessner, Helmuth, *Die Stufen des Organischen und der Mensch. Einleitung in die philosophische Anthropologie* (1928), Berlin 1975

Plessner, Helmuth, »Zur Anthropologie des Schauspielers«, in: ders., *Zwischen Philosophie und Gesellschaft. Ausgewählte Aufsätze und Abhandlungen*, Frankfurt a.M. 1979, 205–219

Plessner, Helmuth, *Macht und menschliche Natur. Ein Versuch zur Anthropologie der geschichtlichen Weltansicht* (1931), Frankfurt a.M. 1979, 276–362

Ricœur, Paul, »Der Sozius und der Nächste«, in: ders., *Geschichte und Wahrheit*, München 1974, 109–124

Ricœur, Paul, *Wege der Anerkennung. Erkennen, Wiedererkennen, Anerkanntsein*, Frankfurt a.M. 2006

Rilke, Rainer Maria, *Duineser Elegien*, Leipzig 1936

Rosset, Clément, *Das Prinzip Grausamkeit* (1988), Berlin 1994

Roth, Philip, *Gegenleben*, Roman, München 1988; 1991

Roth, Philip, *Der Ghost Writer*. Roman, München-Wien 1980; Reinbek 1988

Roth, Philip, *Exit Ghost*. Roman, München 2008

Saramago, José, *Der Doppelgänger*. Roman, Reinbek 2004

Sartre, Jean Paul, *Das Sein und das Nichts. Versuch einer phänomenologischen Ontologie* (1943), Hamburg 1952

Scheler, Max, *Die Stellung des Menschen im Kosmos* (1927), München 1947

Scholz, Leander, *Die Regierung der Natur. Ökologie und politische Ordnung*, Berlin 2022

Serres, Michel, »Verrat: die Thanatokratie« (1972), in: ders., *Hermes III: Übersetzung*, Berlin 1992, 97–142

Serres, Michel, *Der Hermaphrodit*, Frankfurt a.M. 1989

Serres, Michel, *Atlas* (1994), Berlin 2005

Serres, Michel, *La guerre mondiale*, Paris 2008

Serres, Michel, *Das eigentliche Übel*, Berlin 2009

Simmel, Georg, *Philosophie des Geldes* (1900), Gesamtausgabe, Bd. 6, Frankfurt a.M. 1989

Simmel, Georg, »Exkurs über den Fremden«, in: ders., *Soziologie. Untersuchungen über die Formen der Vergesellschaftung* (1908), Berlin 1968, 509–512

Simmel, Georg, »Der Mensch als Feind. Zwei Fragmente aus einer Soziologie« (1908), in: ders., Gesamtausgabe, Band 8, *Aufsätze und Abhandlungen 1901–1908*, Band II, Frankfurt a.M. 1993, 335–343

Sonnemann, Ulrich, *Negative Anthropologie. Vorstudien zur Sabotage des Schicksals*, Reinbek 1969

Sontag, Susan, »Das Double«, in: dies., *Ich etc... Erzählungen*, München-Wien 1979

Steffens, Andreas, *Poetik der Welt*, Hamburg 1995

Steffens, Andreas, *Philosophie des zwanzigsten Jahrhunderts oder Die Wiederkehr des Menschen*, Leipzig 1999

Steffens, Andreas, »Kunst der Weltbildung«, *in:* Carl-Peter Buschkühle, Hg., *Perspektiven künstlerischer Bildung*, Köln 2003, 59–72

Steffens, Andreas, »Die Möglichkeit Mensch. Wiederaufnahme der Anthropologie am Ende des Jahrhunderts«, in: *Paragrana. Internationale Zeitschrift für Historische Anthropologie*, Band 6, Heft 1: Selbstfremdheit, hg. von Dietmar Kamper, Berlin 1997, 43–64

Steffens, Andreas, *Ontoanthropologie. Vom Unverfügbaren und seinen Spuren*, Wuppertal 2011

Steffens, Andreas, »Zweite Identität«, in: ders., *Selbst-Bildung. Die Perspektive der Anthropoästhetik*, Oberhausen 2011

Steffens, Andreas, *Glück. Aspekte und Momente*, Wuppertal 2009

Steffens, Andreas, *Das Wesen, das nicht eines ist. Anthropologie der Verwandlung*, Wuppertal 2020

Steffens, Andreas, *Auf Umwegen. Nach Hans Blumenberg denken*, Wien 2021

Steffens, Andreas, *Landgänge. Mensch und Meer*, Wien 2022

Steiner, George, *Von realer Gegenwart. Hat unser Sprechen Inhalt?*, München 1990

Sternberger, Dolf, *Vexierbilder des Menschen*, Schriften Bd. VI, Frankfurt a.M. 1981

Strauss, Botho, *Rumor*, München-Wien 1980

Tabucci, Antonio, *Wer war Fernando Pessoa?*, München-Wien 1992

Thyen, Anke, *Negative Dialektik und Erfahrung. Zur Rationalität des Nichtidentischen bei Adorno*, Frankfurt a.M. 1989

Valéry, Paul, »Windstriche«, *Werke*, Frankfurter Ausgabe, Frankfurt a.M. 1991, Bd. 5, 203–246

Valéry, Paul, »Verschwiegenes«, *Werke*, Frankfurter Ausgabe, Frankfurt a.M. 1991, Bd. 5, 295–328

Valéry, Paul, »Meine ›Poetik‹«, *Werke*, Frankfurter Ausgabe, Bd. 5, 172–176

Valéry, Paul, *Prinzipien aufgeklärter An-archie* (1939), Berlin 2019

Vila-Matas, Enrique, *Bartleby & Co*.. Roman, Zürich 2001

Wadhawan, Julia, *Sag mir nicht, wer ich bin. Über die Sehnsucht nach Identität und die Freiheit, nirgends hineinzupassen*, München 2022

Weber, Anne, *Erste Person*, Frankfurt a.M. 2002

Weiss, Peter, *Rekonvaleszenz*, Frankfurt a.M. 1991

Wittgenstein, Ludwig, *Philosophische Untersuchungen* (1958), Frankfurt a.M. 1971; 1977